ALPHONSE ALLAIS

L'affaire Blaireau

roman

CINQUIÈME ÉDITION

PARIS

ÉDITIONS DE LA REVUE BLANCHE

23, BOULEVARD DES ITALIENS, 23

1899

L'affaire Blaireau

Il a été tiré à part

dix exemplaires sur hollande, numérotés à la presse.

JUSTIFICATION DU TIRAGE :

ALPHONSE ALLAIS

L'affaire Blaireau

roman

PARIS
ÉDITIONS DE LA REVUE BLANCHE
23, BOULEVARD DES ITALIENS, 23
1899

Tous droits de traduction et reproduction réservés pour tous les pays y compris la Suède et la Norvège.

DU MÊME AUTEUR :

(Œuvres anthumes)

A SE TORDRE.
PAS DE BILE.
VIVE LA VIE.
LE PARAPLUIE DE L'ESCOUADE.
ROSE ET VERT POMME.
ON N'EST PAS DES BŒUFS.
AMOURS, DÉLICES ET ORGUES.
DEUX ET DEUX FONT CINQ.
LE BEC EN L'AIR.
POUR CAUSE DE FIN DE BAIL.

QUELQUES LIGNES DE L'AUTEUR

A L'ADRESSE DE TRISTAN BERNARD (1)

Cher Tristan Bernard,

Te rappelles-tu le Voyage que nous fîmes l'an dernier à pareille époque au tombeau de Chateaubriand ? (Je ne sais plus si cette visite avait le caractère d'un pèlerinage, ou si elle était le résultat d'un pari de douze déjeuners). Nous avions pris le train, selon une pieuse coutume, à la gare Montparnasse.

Le soir, sur ces entrefaites, était tombé. Je me souviens qu'au moment où nous brûlions la station de N..., et où une brusque secousse nous avertit que nous passions sur le 1ᵉʳ degré de longitude, je te parlai de mon prochain volume, avec la fièvre et l'abondance qui me caractérisent quand je suis dans une période de production. Dans mon ardeur, je m'engageai alors, à te dédier ce livre, moyennant certaines conditions.

Je tiens aujourd'hui ma promesse, non sans une joie

---

(1) Ces quelques lignes sont écrites spécialement pour M. Tristan Bernard ; néanmoins les autres lecteurs peuvent en prendre connaissance, elles n'ont absolument rien de confidentiel.

très vive, je te dédie le livre suivant, sur lequel j'attire ton attention.

Tu remarqueras d'abord que les descriptions y sont très brèves, et que l'on n'y insiste sur l'aspect général des nuages, arbres et verdures de toute sorte, sentiers, lieux boisés, cours d'eau, etc., que dans la mesure où ces détails paraissent indispensables à l'intelligence du récit. En revanche, le plus grand soin a été apporté au dessin (outline) *et à la peinture* (colour) *des caractères. D'autre part, l'intrigue* (plot) *est entrecroisée avec tant de bonheur qu'on la dirait entrecroisée à la machine ; or il n'en est rien. Quant au style* (style), *il est toujours noble et, grâce à des procédés de filtration nouveaux, d'une limpidité inconnue à ce jour.*

Tels sont, mon cher ami, les mérites de cet ouvrage, qu'en échange de la petite gracieuseté que je te fais, tu pourras recommander, le cigare aux lèvres, avec une nonchalance autoritaire, dans les cercles, les casinos, les garden-parties et les chasses à courre.

Cordialement à toi,

ALPHONSE ALLAIS.

L'AFFAIRE BLAIREAU

I

Dans lequel on fera connaissance : 1° de M. Jules Fléchard, personnage appelé à jouer un rôle assez considérable dans cette histoire ; 2° du nommé Placide, fidèle serviteur mais protagoniste, dirait Bauër, de onzième plan, et 3° si l'auteur en a la place, du très élégant baron de Hautpertuis.

Madame de Chaville appela :
— Placide !

— Madame ?

— Vous pouvez desservir.

— Bien, madame.

Et Mme de Chaville alla rejoindre ses invités.

Resté seul, le fidèle serviteur Placide grommela l'inévitable « Ça n'est pas trop tôt, j'ai cru qu'ils n'en finiraient pas ! »

Puis il parut hésiter entre un verre de fine champagne et un autre de chartreuse.

En fin de compte il se décida pour ce dernier spiritueux, dont il lampa une notable portion avec une satisfaction évidente.

Bientôt, semblant se raviser, il remplit son verre d'une très vieille eau-de-vie qu'il dégusta lentement, cette fois, en véritable connaisseur.

— Tiens, M. Fléchard !

Un monsieur, en effet, traversait le jardin, se dirigeant vers la véranda, un monsieur d'aspect souffreteux et pas riche, mais propre méticuleusement et non dépourvu d'élégance.

— Bonjour, Baptiste ! fit l'homme peu robuste.

— Pardon, monsieur Fléchard, pas Baptiste, si cela ne vous fait rien, mais Placide. Je m'appelle Placide.

— Ce détail me paraît sans importance, mais puisque vous semblez y tenir, bonjour Auguste, comment allez-vous ?

Et le pauvre homme se laissa tomber sur une chaise d'un air las, si las !

— Décidément, monsieur Fléchard, vous faites un fier original !

— On fait ce qu'on peut, mon ami. En attendant, veuillez prévenir Mlle Arabella de Chaville que son professeur de gymnastique est à sa disposition.

— Son professeur de gymnastique ! pouffa

Placide. Ah ! monsieur Fléchard, vous pouvez vous vanter de m'avoir fait bien rigoler, le jour où vous vous êtes présenté ici comme professeur de gymnastique !

Sans relever tout ce qu'avait d'inconvenant, de familier, de trivial cette réflexion du domestique, M. Fléchard se contenta d'éponger son front ruisselant de sueur.

J'ai oublié de le dire, mais peut-être en est-il temps encore : ces événements se déroulent par une torride après-midi de juillet, à Montpaillard, de nos jours, dans une luxueuse véranda donnant sur un vaste jardin ou un pas très grand parc, *ad libitum*.

— Un petit verre de quelque chose, monsieur Fléchard ? proposa généreusement Placide, sans doute pour effacer la mauvaise impression de sa récente et intempestive hilarité.

— Merci, je ne bois que du lait.

— Un cigare, alors ? Ils sont épatants, ceux-là, et pas trop secs. Je ne sais pas si vous êtes comme moi, monsieur Fléchard, j'adore les cigares légèrement humides. Du reste, à la Havane, où ils sont connaisseurs, comme de juste, les gens fument les cigares tellement frais qu'en les tordant, il sort du jus. Saviez-vous cela ?

— J'ignorais ce détail, lequel m'importe peu, du reste, car moi je ne fume que le *nihil*, à cause de mes bronches.

L'illettré Placide ne sembla point goûter intégralement cette plaisanterie de bachelier dévoyé, mais pour ne pas demeurer en reste d'esprit, il conclut :

— Eh bien ! moi, je ne fume que les *puros* à monsieur.

— Cela vaux mieux que les *purotinos* que vous pourriez vous offrir vous-même.

Cette fois, Placide ayant saisi, éclata d'un gros rire :

— Farceur, va !

— Et Mlle Arabella, Victor, quand prendrez-vous la peine de l'aviser de ma présence ?

— Mlle Arabella joue au tennis en ce moment, avec les jeunes gens et les jeunes filles. C'est la plus enragée du lot. Vieille folle, va !

Jules Fléchard s'était levé tout droit ; visiblement indigné du propos de Placide, il foudroyait le domestique d'un regard furibond :

— Je vous serai obligé, mon garçon, tout au moins devant moi, de vous exprimer sur le compte de Mlle Arabella en termes plus respectueux... Mlle Arabella n'est pas une vieille folle. Elle n'est ni folle, ni vieille.

— Ce n'est tout de même plus un bébé. Trente-trois ans !

— Elle ne les paraît pas. Là est l'essentiel.

Ereinté par cette brusque manifestation d'énergie, le professeur de gymnastique se rassit, le visage de plus en plus ruisselant, puis d'un air triste :

— Alors, vous croyez que Mlle Arabella ne prendra pas sa leçon de gymnastique aujourd'hui ?

— Puisque je vous dis que quand elle est au tennis, on pourrait bombarder le château que ça n'arriverait pas à la déranger.

(Placide aimait à baptiser *château* la confortable demeure de ses maîtres.)

— Alors, tant pis ! retirons-nous.

Et la physionomie de Jules Fléchard se teignit de ce ton gris, plombé, pâle indice certain des pires détresses morales.

De la main gauche alors, prenant son chapeau, notre ami le lustra au moyen de sa manche droite, beaucoup plus par instinct machinal, croyons-nous, qu'en vue d'étonner de son élégance les bourgeois de la ville.

Il allait sortir, quand un troisième personnage fit irruption dans la véranda :

— Bonjour, monsieur, je... vous salue !... Dites-moi, Placide, le facteur n'est pas encore venu ?

— Pas encore, monsieur le baron.

Cependant Fléchard considérait attentivement le gentleman à monocle que Placide venait de saluer du titre de baron.

Mais, non, il ne se trompait pas. C'était bien lui, le baron de Hautpertuis !

— Monsieur le baron de Hautpertuis, j'ai bien l'honneur de vous saluer !

Le baron (décidément c'est un baron) ajusta son monocle, un gros monocle, pour gens myopissimes, *fixa* son interlocuteur, puis soudain joyeux :

— Comment, vous ici, mon bon Fléchard ! Du diable si je m'attendais à vous rencontrer dans ce pays !

— Je suis une épave, monsieur le baron, et vous savez que les épaves ne choisissent pas leurs séjours.

— C'est juste... les épaves ne choisissent pas leurs séjours, c'est fort juste. Mais, dites-moi, il y a donc quelqu'un chez les Chaville qui apprend le hollandais ?

— Le hollandais ! fit Fléchard en souriant Pourquoi le hollandais ?...

— Mais il me semble, poursuivit le baron, que quand j'ai eu l'avantage de vous connaître...

Fléchard se frappa le front et s'écria :

— Par ma foi, M. le baron, je n'y pensais plus... Cet épisode de mon existence m'était complètement sorti de la mémoire... En effet, en effet, je me rappelle maintenant à merveille. Quand j'eus l'honneur de faire votre connaissance j'enseignais le hollandais à une demoiselle...

— A la belle Catherine d'Arpajon. Quelle jolie fille ! Ah la mâtine !... A ce propos, Fléchard, dites-moi donc quelle étrange idée avait eue Catherine d'apprendre le hollandais ? Le hollandais n'est pas une de ces langues qu'on apprend sans motif grave.

— C'est toute une histoire, monsieur le baron, et que je puis vous conter maintenant sans indiscrétion. Catherine d'Arpajon avait fait connaissance, aux courses d'Auteuil, d'un riche planteur fort généreux, mais qui ne savait pas un mot de français. En quittant Paris, cet étranger, grâce à son interprète, dit à Catherine : « Ma chère enfant, quand vous saurez la langue de mon pays, venez-y (dans le pays), vous serez reçue comme une reine. » Et il lui laissa son adresse. Peu de temps après, j'appris que Catherine d'Arpajon cherchait un professeur de hollandais.

— Vous vous présentâtes ?

— Quoique bachelier, ajouta M. Fléchard avec amertume, je me trouvais alors sans position ; je me présentai.

— Vous savez donc le hollandais ?

— Ce fut pour moi l'occasion d'en apprendre quelques bribes.

— Et cette bonne Catherine, qu'est-elle devenue ?

— Je ne l'ai jamais revue depuis. J'ai su seulement que la pauvre petite s'était trompée de langue. Ce n'est pas le hollandais que parlait le planteur, mais le danois [1].

1. Au lecteur peu versé dans l'art de la géographie, apprenons qu'une des Antilles : l'île Saint-Thomas, est possession danoise; le planteur en question appartenait, sans doute, à cette colonie. (Note de l'auteur.)

— Et qu'est-ce que vous faites maintenant, mon vieux Fléchard ?

— Actuellement, je suis professeur de gymnastique.

— De gymnastique !

Rajustant son monocle, le baron de Hautpertuis s'abîma dans la contemplation des formes plutôt grêles de Jules.

— Oui, monsieur la baron, de gymnastique ! Oh ! je m'attendais bien à vous voir un peu étonné.

— J'avoue que votre extérieur ne semble pas vous désigner spécialement à cette branche de l'éducation. Comment diable avez-vous eu l'idée ?...

— Oh ! mon Dieu, c'est bien simple. A la suite de déboires de toutes sortes, j'étais devenu neurasthénique.

— Comment dites vous cela ?

— Neurasthénique, monsieur le baron.

Les médecins me conseillèrent de faire de la gymnastique, beaucoup de gymnastique, rien que de la gymnastique. Une deux, une deux, une deux...

— Excellent, en effet, la gymnastique !

— Excellent, oui, mais voilà ! Mes modestes ressources ne me permettant pas de me livrer exclusivement à ce sport, j'eus l'ingénieuse idée d'en vivre en l'enseignant... et je m'établis professeur de gymnastique.

— Ce n'est pas là une sotte combinaison, mais avez-vous réussi au moins ?

— A Paris, non, trop de concurrence. Alors je suis venu ici, à Montpaillard.

— Est-ce que votre aspect, un peu... chétif ne vous fait pas de tort auprès de votre clientèle ?

— Pourquoi cela, monsieur le baron ? Aucunement. Il n'est pas nécessaire pour être un bon professeur de gymnastique d'être personnellement un athlète, de même qu'on peut enseigner admirablement la comptabilité, sans être pour cela un grand négociant.

— Votre raisonnement est des plus justes, mon cher Fléchard.

— D'ailleurs, afin d'éviter le surmenage, le terrible surmenage, je recrute principalement mes élèves parmi les dames et les demoiselles. Quelques-unes sont devenues très fortes et même plus fortes que moi, ce qui, entre nous, ne constitue pas un record imbattable. Ainsi Mlle Arabella... Avez-vous vu Mlle Arabella au trapèze ?

— Je l'ai aperçue, mais sans y prêter une grande attention.

— Vous avez eu tort, monsieur le baron. Mlle Arabella au trapèze, c'est l'incarnation de la Force et de la Grâce.

— Vous faites bien de me prévenir. La prochaine fois, je regarderai.

— Le spectacle en vaut la peine. Et Fléchard répéta avec une sorte d'exaltation.

— Oui, monsieur le baron, l'incarnation de la Force et de la Grâce !

— Oh ! Fléchard ! sourit le baron. Quelle chaleur ! Seriez-vous amoureux de votre élève, comme dans les romans ?

— Vous plaisantez, monsieur le baron. Amoureux de Mlle Arabella de Chaville, moi, un humble professeur de gymnastique ?

A la main, un plateau chargé de lettres, Placide entrait :

— Le courrier de M. le baron !

— Vous permettez, mon cher Fléchard ?

— Je vous en prie, monsieur le baron. D'ailleurs, je m'en vais.

— Sans adieu, Fléchard.

— Tous mes respects, monsieur le baron.

— Monsieur Fléchard, ajouta Placide, M{{ll}}e Arabella vous prie de repasser sur le coup de cinq heures pour sa leçon de gymnastique.

— Ah ! exulta le pauvre garçon.

II

Dans lequel le lecteur continuera à se créer de brillantes relations, notamment dans la famille de Chaville et chez quelques-uns de leurs invités.

Il fallait positivement avoir le diable au corps pour faire du tennis à cette heure de la journée et par une température pareille.

Heureusement qu'à la campagne et même dans beaucoup de petites villes départementales, les autochtones jouissent d'une endurance fort supérieure à celle de nos Parisiens.

Tout de même, il faisait trop chaud et la partie fut bientôt abandonnée d'un commun accord.

Chacun s'achemina vers la véranda où de la bière fut versée pour les messieurs, du sirop de framboise pour les dames.

Pendant que s'abreuvent tous ces quidams, examinons-les à la dérobée.

Les maîtres de céans, d'abord, M. et Mme de Chaville, braves gens, quelconques, riches.

M. Hubert de Chaville exerçait, vers la fin de l'empire, une noce assez carabinée en compagnie de son excellent camarade de Hautpertuis, déjà nommé. Arrivent l'année terrible et nos désastres. Le jeune de Chaville fait vaillamment son devoir en qualité de lieutenant de mobiles. On signe le traité de Francfort. Quelques années après, notre héros épousait une insignifiante et riche cousine qui lui donnait bientôt une petite demoiselle, Lucie, laquelle, à l'époque où se déroulent ces événements, est devenue la plus charmante jeune fille de tout le district. C'est tout.

Le membre le plus intéressant de la famille est, sans contredit, cette Arabella de Chaville dont il fut question plus haut et cousine germaine de M. de Chaville.

Puisque le fidèle mais discourtois serviteur Placide a dévoilé l'âge de cette personne, nous n'avons aucune raison de le céler : Arabella se trouve, en effet, à la tête d'une belle pièce de trente ans copieusement sonnés.

Les paraît-elle ? Jules Fléchard le nie non sans vivacité.

Contredire un si brave garçon serait criminel, concluons galamment : si Mlle Arabella de Chaville *paraît* vingt-huit ans, c'est tout le bout du monde.

Mettons même *vingt-huit printemps* pour faire plaisir à Jules.

En dépit de son âge un peu avancé (pour une jeune fille), Arabella détient un cœur qui n'a pas su vieillir, un cœur ardent qui s'ennuie de battre par les temps de platitude et de morne prose que nous traversons.

Riche, bien née, pas plus laide qu'une autre, Arabella ne s'est jamais mariée, parce que, tout enfant, elle s'était juré à elle-même de n'appartenir qu'à un homme qui se serait sacrifié pour elle, un homme qui aurait bravé mille dangers, mille morts, un de ces hommes comme on n'en voit plus guère, hélas! depuis la fermeture des croisades.

Le cas ne se présenta jamais, Arabella tint son serment et demeura demoiselle [1].

---

1. Je ne devrais peut-être pas vous le dire maintenant, mais, tant pis, c'est plus fort que moi. Sachez donc qu'Arabella se mariera vers la fin de ce roman et qu'elle sera très heureuse.

Quand je dis que le cas ne s'est jamais présenté, je me hâte un peu trop, comme la suite de ce récit ne va pas tarder à vous l'apprendre.

Revenons à nos invités.

Le baron de Hautpertuis déjà nommé, élégant viveur parisien, le meilleur ami de l'excellent Chaville, chez lequel il vient tous les ans passer quelques jours à la belle saison. (Rappelons, pour mémoire, que le baron est aussi myope, à lui seul, que tout un wagon de bestiaux. Ce détail aura son importance par la suite.)

M. Dubenoît, maire de Montpaillard, et Mme Dubenoît, son épouse.

M. Dubenoît n'a qu'une marotte, mais une bonne : la tranquillité de Montpaillard.

Depuis la fondation de Montpaillard (fin du xve siècle ou commencement du xvie, les historiens ne sont pas d'accord), les révolutions se sont succédé en France, des trônes ont croulé, des têtes de gens huppés tombèrent sous le couperet de la guillotine, des rois connurent le chemin de l'exil, les pires clameurs troublèrent la paix des rues dans bien des cités que de détestables excès allèrent jusqu'à ensanglanter.

Seule, la petite ville de Montpaillard demeura paisible malgré ces tourmentes.

— Depuis Henri IV, proclame M. Dubenoît avec une légitime fierté, oui, messieurs, depuis Henri IV, à part les jours de marché, il n'y a jamais eu le moindre attroupement dans les rues de Montpaillard.

Et devant la mine admirative du baron, il insiste :

— Oui, monsieur de Hautpertuis, pas le moindre attroupement ! Et tant que j'aurai l'honneur d'être le premier magistrat de Montpaillard, il continuera d'en être ainsi !

j'aimerais mieux voir ma ville en cendres que la proie du désordre !

— Vous êtes bien radical, monsieur le maire, pour un conservateur !

C'est Maître Guilloche qui lance cette réflexion assez naturelle.

Maître Guilloche est un jeune et élégant avocat qui se trouve au nombre des invités.

— En matière d'ordre, mon cher Guilloche, on ne saurait jamais être trop intransigeant et si vous et votre parti essayiez jamais de troubler Montpaillard, vous me trouveriez sur votre chemin.

— M. Guilloche a donc un parti ? demande le baron.

— Parfaitement ! Vous pouvez contempler en M. Guilloche le chef du parti révolutionnaire de notre ville, un parti qui compte dix-sept membres. Chaque fois que M. Guilloche se présente aux élections, il a dix-huit voix à Montpaillard : les dix-sept voix des révolutionnaires plus la sienne. La dernière fois, il n'a eu que dix-sept voix parce qu'un révolutionnaire était malade.

— Dix-sept révolutionnaires sur une population de dix mille habitants! concilia le baron, il n'y a pas encore péril en la demeure. Mais, dites-moi, mon cher Guilloche, quelle drôle d'idée pour un homme bien élevé comme vous de vous mettre dans ce parti-là ?

M. Dubenoît ne laissa pas au jeune homme le temps d'exprimer son amour ardent de l'humanité, sa folie de sacrifice pour les déshérités. Il s'écria :

— Comme tous ses pareils, maître Guilloche n'est qu'un ambitieux, un de ces ambitieux qui n'hésiteraient pas à provoquer des attroupements dans la rue pour devenir quelque chose dans le gouvernement !

— Pardon, mon cher Dubenoit...

Mais devant la réprobation unanime de l'assemblée hostile aux discussions politiques et religieuses la conversation bondit sur divers autres tapis.

Des groupes se formèrent ; Arabella causait avec le baron :

— Mademoiselle, assurait ce dernier, je me permettrai de n'être point de votre avis. Cette petite ville de Montpaillard n'est nullement désagréable, je vous affirme. Depuis une huitaine de jours que je l'habite, je ne m'y suis pas ennuyé une minute.

— Si vous y étiez comme moi depuis... depuis vingt et quelques années, vous parleriez autrement. Enfin, ce qui est fait, est fait. Je terminerai ma vie ici entre mes cousines et mon cousin, comme une vieille fille.

— Oh! mademoiselle! protesta galamment le baron.

— Je parle pour plus tard.

— Ah! dame! Il est certain qu'à la longue...

— Et vous, vous allez rentrer à Paris?

— Pour quelques jours, avant de partir à la mer.

— Retrouver vos amis, votre club, vos maîtresses...

— Mes maîtresses! Comme vous y allez!

— Ne vous en défendez pas, c'est si naturel pour un homme!

— Alors, mettons *ma maîtresse* et n'en parlons plus.

— Jolie?

— Très jolie... et d'un désintéressement!

— Vous me croirez si vous voulez, baron, mais je n'ai pas le courage de blâmer ces femmes-là.

— Moi non plus, dit le baron.

— Elles n'ont peut-être pas une réputation intacte, mais elles sont déshonorées dans des conditions si charmantes! Et puis, elles mènent une existence pleine d'imprévu et de mouvement, tandis que nous!... Le rêve, voyez-vous, baron, ce serait de concilier les vieilles vertus familiales de nos provinces, avec une vie un peu accidentée... Mais c'est bien difficile.

— On finira par trouver une combinaison.

— Que de fois il m'arrive de songer à tout cela, quand je suis seule, dans le parc, à me promener silencieusement... La solitude m'oppresse, mon esprit se perd en des rêves insensés, un trouble étrange m'envahit...

— Et alors, qu'est-ce que vous faites ? demanda le baron, après un instant de silence.

Arabella poussa un gros soupir et murmura, non sans avoir légèrement rougi :

— Je fais de la gymnastique.

M. de Chaville s'approcha :

— Je parie qu'Arabella te raconte ses malheurs.

— Pas du tout. Mlle Arabella ne m'a pas encore donné cette marque de confiance. Je le regrette.

— N'écoutez pas Hubert, baron, il se moque de moi. D'ailleurs, ici, tout le monde se moque de moi.

— On ne se moque pas de toi, Arabella. On te plaisante un peu parce que tu es terriblement romanesque...

— Mais, interrompit le baron, c'est fort bien d'être romanesque ! Toutes les femmes devraient être romanesques ; moi, si j'avais été femme j'aurais été romanesque.

— Oui, mon vieux, mais, ajoute M. de Chaville, en regardant Arabella, l'aurais-tu été au point de nourrir pendant trois mois un prisonnier dans la prison de Montpaillard, de lui envoyer tous les jours un panier de provisions avec du vieux bourgogne et des cigares de la Havane ?

— Comment, Albert, tu savais... dit Arabella confuse...

— Certainement, oui, je le savais, et je t'en parle aujourd'hui uniquement, parce que c'est demain le dernier jour du condamné.

— On va le guillotiner ? frémit le baron.

— Non, le relâcher, tout simplement. Ses trois mois sont finis.

— Cette aventure me paraît des plus pittoresques.

Le rouge de la pudeur outragée incendiait la figure d'Arabella :

— J'espère que tu ne vas pas raconter à M. de Hautpertuis...

— Si, si, je vais lui raconter l'histoire, à ta grande honte ! Figure-toi, mon cher, qu'Arabella s'est monté la tête pour un espèce de mauvais sujet...

— N'en croyez pas un mot, baron !

— Mais pourtant...

(Inutile de relater la suite de la conversation, puisque le lecteur en trouvera le sujet développé, non pas dans le chapitre suivant mais dans un de ceux qui viennent après).

III

Dans lequel le lecteur pourra constater qu'on n'a nullement exagéré en lui présentant, dès le début, Mlle Arabella de Chaville comme une nature plutôt romanesque.

Pauvre Arabella !

Non seulement jamais elle ne rencontra le paladin de ses rêves, mais elle a beau regarder autour d'elle, pas un être en le sein duquel elle puisse verser les confidences d'un cœur ardent, d'une âme songeuse !...

Personne qui la comprenne ! Chacun, au contraire, toujours prêt à sourire d'elle !

Et puis, dans cette existence sempiternellement la même, morne et plate, pas l'ombre de la plus mince aventure !

Les seuls reflets de vie sentimentale, d'existence passionnelle, elle les trouve — mais apâlis par l'évidente fiction du poète, par sa propre inconnaissance des héros — dans les romans ou les journaux qui lui viennent de Paris chaque jour.

Oh ! être mêlée à l'un de ces drames, même comme victime !

Oh ! recevoir sur la figure du vitriol que vous projetterait une jalouse : ce serait encore du bonheur ! Ce serait vivre, au moins !

Arabella s'ennuie.

. . . .

Un jour, phénomène assez rare, il se

trouva dans le courrier des Chaville une lettre pour elle.

— Je ne connais pas cette écriture-là, murmura-t-elle, en lisant la suscription.

Et elle ne put s'empêcher de frémir.

Bien que peu versée dans la graphologie, Arabella avait deviné sur l'enveloppe l'écriture d'un homme, d'un homme amoureux, d'un homme pas banal.

Enigmatique instinct? mystérieuse télépathie? quoi au juste? En sait-on rien, mais *quelque chose*, à ce moment, avertit notre amie que cette lettre, cette lettre qui lui brûlait les doigts, allait avoir sur sa destinée une influence définitive.

Un grand battement de cœur la prit et ses mains tremblèrent à ce point, qu'elle dut attendre plusieurs minutes avant de décacheter l'inquiétante missive.

Trois lignes seulement :

« Mademoiselle,

» Il est de la dernière urgence que vous le sachiez : il y a un homme qui vous aime dans l'ombre.

» Un Désespéré. »

Arabella ferma les yeux, croyant rêver.

— Un homme qui m'aime dans l'ombre! murmura-t-elle avec une voix dans le genre de celle de Sarah Bernhardt. Il y a un homme qui m'aime dans l'ombre!

Et cette idée qu'un homme l'aimait dans l'ombre et que cet homme était désespéré la plongea dans la plus ineffable des extases.

Mais qui pouvait bien être ce ténébreux adorateur ?

Elle chercha l'inconnu dans le monde de ses relations coutumières.

Un tel?

Chose ?

Machin ?

Non, aucun de ces trois-là.

Ni d'autres.

Toute frémissante d'espoir, elle résolut d'attendre les événements.

Le lendemain, nouvelle lettre de la même provenance mystérieuse.

Le désespéré proclamait qu'il était de plus en plus désespéré, que son amour devenait de la folie, mais que, bien décidé à ne pas sortir de cette ombre à laquelle il avait fait allusion dans sa lettre de la veille, il continuerait à souffrir en silence.

La brûlante correspondance se perpétua dès lors à raison de deux ou trois lettres par semaine.

Le fonds en restait toujours d'idolâtrie pure, mais la forme en changeait souvent : tantôt farouche désespérance, tantôt résolution d'énergie avec parfois même « volonté d'en finir, d'une façon ou d'une autre ».

Puis, tout à coup, un beau jour, un sombre jour plutôt, le facteur tant guetté n'apporta plus rien à notre héroïne que des journaux ou des catalogues de nos grandes maisons de nouveautés parisiennes.

Arabella attendit.

Des semaines passèrent :

Le mystérieux inconnu semblait s'être retiré dans la plus impénétrable des ombres.

— Rien pour moi? demandait avec une angoisse qu'elle avait peine à dissimuler, Arabella au facteur.

— Rien, Mademoiselle, répondait invariablement l'humble fonctionnaire.

Que s'était-il passé? Quelle catastrophe avait brusquement interrompu cette délicieuse et troublante correspondance? Il était impossible que cet homme, que cet amant fougueux, que ce désespéré ait vu soudain s'éteindre sa flamme ! Une flamme ne s'éteint pas sans raison ! Une passion ne disparaît pas sans avoir été assouvie ou tout au moins sans avoir été découragée. Or, l'inconnu ne pouvait pas être découragé ; d'autre part il n'était pas assouvi... « Allons, continuait à songer Arabella frémissante, pourquoi n'écrit-il plus ? S'est-il tué, ainsi qu'il me l'écrivait dans une de ses dernières lettres ? »

Elle relut cette lettre. La volonté d'en finir d'une manière ou d'une autre n'était pas formelle ; ce devait n'être qu'une façon de parler...

Et Arabella se perdait en conjectures, en raisonnements, en hypothèses de toutes sortes, son imagination enfantait deux ou trois romans par jour, dans lesquels s'entremêlaient les plus tragiques aventures.

IV

Où font une rapide entrée en scène des personnages divers destinés à jouer un grand rôle dans la suite de cette histoire.

C'est par une nuit sans lune, sans étoiles, sans planètes, tranchons le mot, sans astres.

Lamentables pour un amateur de cosmographie, les conditions météorologiques de ce firmament sont de celles qu'accueillent avec ferveur tous les gentlemen dont le travail emprunte quelque danger à être exécuté, non seulement au grand jour, mais encore au plus discret des clairs de lune.

— Gardes champêtres, veillez!

Docile à cette objurgation, Parju (Ovide) garde champêtre à Montpaillard redoubla de vigilance.

Tout à la fois bien lui en prit, et mal.

Bien, si nous nous plaçons au point de vue de l'ordre si cher à son maire, M. Dubenoît.

Mal, si nous ne considérons que le strict intérêt personnel de l'humble fonctionnaire, lequel récolta, au cours de cette mémorable nuit, une tripotée, si j'ose dire, tout à fait en disproportion avec la modestie de son grade.

Parju (Ovide), représente un de ces gardes champêtres taillés sur le vieux modèle qui servait en France à l'époque où cette grande nation, respectée au dehors, prospérait à l'intérieur.

Deux phares seuls guidant l'esquif de la conduite de Parju sur l'océan du devoir : exécution fanatique de la consigne donnée, quelle que soit cette consigne, vénération excessive du supérieur représentant l'Autorité, quel que soit le supérieur et quelle que soit cette autorité.

. . . .

Qu'on me permette une courte mais sage réflexion : Si notre pauvre cher fou de pays ne comptait que des citoyens dans le genre de Parju (Ovide), il y aurait encore de beaux jours pour la France !

. . . .

La veille de cette nuit sans constellation, M. Dubenoît avait rencontré le garde.

— Bonsoir, Parju, rien de neuf?

— Rien de neuf, monsieur le maire.

— Parfait! tâchez que cela continue. S'il n'y a rien de neuf d'ici la fin de l'année, je vous ferai avoir une gratification. Ouvrez l'œil et le bon, la nuit comme le jour. Faites des rondes, Parju, faites des rondes de jour, faites des rondes de nuit, de nuit surtout ; bonsoir, Parju.

— Bonsoir, monsieur le maire, vous pouvez dormir tranquille je ferai des rondes comme s'il en pleuvait ; j'vas commencer par en faire une c'te nuit.

Parju exécuta sa promesse.

Laissant le souci de l'ordre de Montpaillard-Ville aux quelques agents de police citadine que ce soin concerne, Parju visa plus spécialement la périphérie urbaine où, pour être moins poseur, la partie rurale de la commune.

C'était une nuit sombre, ai-je dit plus haut, mais c'est une nuit plus silencieuse encore.

De temps en temps Parju s'arrête, dresse

une oreille d'Apache et ne perçoit d'autre bruit que le tic-tac de sa massive et ancestrale montre d'argent.

Il continue sa route.

Le voilà arrivé tout près de la propriété des Chaville.

Soudain !..... Ah ! ah !.....

Soudain, des pas se font entendre.........

Sur le mur sombre du parc se silhouette confusément une forme indécise.

Les yeux de Parju peu à peu se sont habitués à l'obscurité.

Plus de doute maintenant, un individu s'apprête à escalader la clôture.

— J'te tiens, bougre de galvaudeux ! s'écrie Parju un peu trop tôt d'ailleurs.

D'un bond, telle la panthère de Java, il se rue sur l'homme, mais sans grand profit immédiat, car ledit galvaudeux a déjà offert au garde champêtre et cela en moins de temps qu'il n'en faut pour l'écrire le spectacle gratuit de trente six-mille chandelles, spectacle agrémenté de quelques exercices de souplesse et de force, comme disent les programmes de cirques forains.

Après quoi le mystérieux personnage croit devoir se retirer sans attendre la manifestation, toujours flatteuse pourtant, de quelques *bis*.

Quand Parju revint à lui, il était trop tard pour poursuivre celui qu'il avait traité un peu sévèrement de galvaudeux, car si l'homme courait encore (hypothèse vraisemblable), il devait être loin, et dans quelle direction ? Allez donc chercher.

Le modeste serviteur de l'ordre public demeurait cloué sur place, en proie à la plus vive humiliation de sa carrière.

Avoir été rossé, oh! la chose ne comptait pas! Un soldat est-il déshonoré pour être blessé au feu ? Mais le grave c'est, ayant empoigné un délinquant, de le lâcher sans seulement prendre son signalement.

Si rapide, en effet, s'était exécuté le conflit, que Parju n'aurait, en bonne conscience, pu indiquer, même vaguement, l'aspect physique de son bonhomme.

(Quand je dis *bonhomme,* vous m'entendez.)

Grand ou maigre? Blond ou brun ? Ténor ou baryton ? Cruelle énigme !

Et puis... mais Parju ne pouvait consentir à croire que vraiment...

... Il faisait trop noir pour chercher par terre... mais il reviendrait dès le petit jour... oh non, il la retrouverait... non, le bon Dieu ne permettrait pas une telle horreur !

Et puis — disons-le, car il importe qu'on le sache — honte des hontes; humiliation suprême! Parju venait de s'apercevoir que sa plaque de garde champêtre avait été arrachée dans la lutte.

Sa plaque, emblème de l'ordre ! Un garde champêtre qui perd sa plaque n'est-ce pas un régiment auquel on ravit son drapeau ?

La sueur de l'opprobre perlait à grosses gouttes sur le front blême de Parju.

— Mais non ! s'essuya-t-il avec sa manche. Elle est tombée par terre. Je vais La retrouver tout à l'heure, au lever du soleil.

Rentré chez lui, il y trouva une mère Parju de réveil maussade, beaucoup plus outrée des déchirures à la blouse que des meurtrissures au visage, et — triste à constater ! mais les femmes sont ainsi — profondément insoucieuse de l'accroc survenu à l'honneur de son mari.

V

Dans lequel on va faire connaissance du sympathique mais infortuné Blaireau, pâle victime d'un bourgmestre en délire.

Qu'était-ce au juste que Blaireau ?
Personne n'aurait su exactement le dire.
C'était Blaireau, et voilà tout.
Ni propriétaire, ni fermier, ni journalier, ni commerçant, ni industriel, ni fonctionnaire de l'État, ni rien du tout, Blaireau appartenait à cette classe d'êtres difficilement

catégorisables et qui semblent, d'ailleurs, ne pas tenir enthousiastement à occuper une case déterminée sur le damier social.

Très philosophe, très madré, ce bohême rural était par la population soupçonné d'équilibrer son budget (!) grâce à des virements portant de préférence sur les végétaux d'autrui et les lièvres circonvoisins, le tout mijoté sur du bois mort (ou vif), discrètement emprunté aux forêts d'alentour.

Blaireau détenait sans doute un sac fertile en malices, car jamais, ni gendarmes, ni gardes ne réussirent à le prendre en flagrant délit, ni même à lui dresser le plus inoffensif procès-verbal.

Vingt fois, accusé de méfaits divers, il vit sa rustique cabane, sa literie modeste, son mobilier champêtre en proie à des perquisitions judiciaires et bousculatoires.

Les gendarmes ne trouvaient rien que,

parfois, un lapin d'origine éminemment douteuse ou des perdreaux de même provenance.

— D'où vient ce lapin ? questionnait le brigadier.

— Je l'ai acheté au marché.

— A qui ?

— Je ne connais pas son nom, à c'te femme... Une grosse blonde qui a des taches de rousseur plein la figure.

— Et ces deux perdreaux ?

— Au marché aussi.

— A la grosse blonde ?

— Non, au contraire, à une petite brune frisée.

— Vous seriez probablement bien embarrassé de prouver vos *dires*.

— Ah ! dam, oui, mais la prochaine fois, je leur demanderai une facture acquittée, à mes marchandes.

Et devant la stupeur déconcertée du naïf Pandore, Blaireau ajoutait froidement, mais sur le ton de la plus parfaite courtoisie :

— Oui, brigadier, une facture acquittée, et j'y ferai mettre un timbre de dix centimes si mon acquisition atteint ou dépasse dix francs.

Que répondre à un tel goguenard ? Furieuse de se voir ainsi jouée, la maréchaussée se retirait, non sans avoir décoché un dernier coup de pied vengeur sur quelque meuble.

Les gendarmes n'étaient pas éloignés d'une dizaine de pas que Blaireau les hélait !

— Messieurs ! Un mot, s'il vous plaît ?

Leur désignant alors son pauvre intérieur tout sens dessus dessous :

— Et l'on vous appelle, souriait-il ironique, les représentants de l'ordre !

Blaireau avait toujours le mot pour rire,

plaisant apanage de tout philosophe vraiment pratique.

Malheureusement la philosophie de Blaireau ne l'empêchait pas d'être en butte à deux haines farouches.

La haine du maire de Montpaillard M. Dubenoît, qui se refusait à admettre, d'abord, qu'une honnête cité comme la sienne pût donner asile à un personnage aussi peu régulier ; ensuite et par reflet, l'hostilité du sieur Parju (Ovide), déjà nommé.

Quand la conversation entre le maire et le garde champêtre tombait par hasard sur ce Blaireau de malheur :

— Eh ! bien Parju, quand est-ce que vous me le coffrerez, ce mauvais gas-là ?

— Je l'voudrais bien, monsieur le maire, mais c'est qu'il est malin comme le diable !

— Je le sais, mon ami, je le sais. Ah ! si c'était lui qui fût garde champêtre et que vous fussiez Blaireau, il y a belle lurette qu'il vous aurait pincé, mon pauvre Parju !

— Ah ! pour ça, monsieur le maire, riait bêtement Parju, y a des chances.

Aussi, quand, dès l'aurore, Parju s'en vint conter à M. Dubenoît sa mésaventure de la nuit, tentative d'arrestation d'un malfaiteur, résistance de ce dernier, qui s'enfuit sans laisser d'adresse, mais en emportant la plaque sacrée, M. Dubenoît s'écria tout de suite :

Ça, c'est du Blaireau, tout pur.

Coffrez-moi Blaireau.

— Mais, monsieur le maire...

— Il n'y a pas de *monsieur le maire*. Coffrez-moi Blaireau au plus vite.

Parju tenta encore quelques timides observations car enfin arrêter un homme contre lequel ne se dresse aucune charge sérieuse, c'était grave.

M. Dubenoît reprit avec autorité :

— Suis-je le maire de Montpaillard ? Ou si c'est vous, Parju !

— C'est vous monsieur le maire, qui êtes le maire.

— Eh bien alors ! Coffrez-moi *illico* Blaireau, vous dis-je.

Il n'y a que Blaireau dans la commune capable d'avoir fait ce mauvais coup.

— Bien, monsieur le maire.

— Allez, Parju, faites votre devoir. Je me charge du reste.

Et M. Dubenoît se chargea, en effet, si bien *du reste,* comme il disait, que ce pauvre diable de Blaireau fut, avec une incroyable prestesse, mis en état d'arrestation et condamné à trois mois de prison.

Ajoutons que M. le maire fut puissamment aidé dans cette œuvre de haute justice, par son ami M. Lerechigneux, président du tribunal de Montpaillard.

Quant à Parju, convenablement stylé par le maire, il affirma, sans sourciller, reconnaître positivement son agresseur. (Parju, répétons-le, ne connaît que sa consigne.)

Blaireau, oubliant un instant sa vieille philosophie, se démena comme un diable dans un bénitier, offrit d'établir un alibi, protesta sauvagement de son innocence, rien n'y fit.

— Les protestations d'innocence et les alibis, déclara M. le président, voilà à quoi nous reconnaissons les coupables de profession. Blaireau, le tribunal vous condamne à trois mois de prison.

— N... de D... de bon D... de tonnerre de D...! c'est trop fort, à la fin!

— Votre mauvaise humeur, Blaireau, ne perdrait rien à s'exhaler en termes moins blasphématoires. Un mot encore, Blaireau...

— Quoi? Qu'est-ce qu'il y a?

— Le tribunal aurait été heureux de vous faire bénéficier de la loi Bérenger, mais il a pensé que, de vous-même, et depuis trop longtemps, vous vous étiez appliqué plus de sursis que la magistrature tout entière de notre pays ne saurait vous en accorder.

— Comment cela?... Qu'est-ce que vous voulez dire?

— Je m'explique : Malgré tous vos méfaits antérieurs, c'est la première fois que vous vous trouvez en réel contact avec la justice...

— Des méfaits! j'ai commis des méfaits moi! Jamais de la vie!

— Ce n'est pas à moi, mon cher Blaireau, qu'il faut venir raconter ces sornettes! A moi, qui plus de vingt fois vous ai acheté du gibier en temps prohibé. Gendarmes, emmenez le condamné.

Et, ricanant stupidement, les gendarmes emmenèrent Blaireau ivre de rage.

VI

Dans lequel le lamentable record de Silvio Pellico ne risque point d'être battu.[1]

La maison d'arrêt de Montpaillard est ce qu'on peut appeler une bonne prison.

Son directeur, M. Bluette, homme jeune encore, quoiqu'ayant beaucoup vécu, en est

---

[1]. Qu'on n'aille pas à crier l'invraisemblance de la description qui va suivre !

Certaines prisons départementales ressemblent en effet beaucoup plus à des pensions de famille qu'à de hideuses géoles. (A. A.)

à son premier poste dans cette carrière administrative et ses chefs sont unanimes à ne lui prédire aucun avancement, tant il apporte d'indulgence et d'humanité à l'exercice de ses fonctions.

M. Bluette a eu beau faire, il n'a pu s'entraîner à considérer ses détenus comme des gens dangereux ou même méprisables ; pour lui, ce sont des malchanceux, des guignards, et il connaît, sur l'asphalte parisien, maintes fripouilles en liberté autrement redoutables que tous ses pauvres diables de pensionnaires.

Comme tous les gens vraiment bien élevés, M. Bluette est poli envers tout le monde, que ce soit le plus déjeté de ses prisonniers ou le plus général de ses inspecteurs, et même s'il y avait une petite différence, elle serait plutôt en faveur du détenu.

Aussi est-il adoré de tous ses administrés

qui se mettraient en quatre pour lui faire plaisir.

Son grand système consiste à occuper ses hommes aux travaux qu'ils exerçaient avant leur incarcération.

(Nous ne parlons pas, naturellement, des besognes extra-légales qui leur valurent d'être condamnés par la justice de leur pays.)

A la prison de Montpaillard, les ex-menuisiers font de la menuiserie, les ex-cordonniers confectionnent ou réparent des chaussures.

Il y eut même pendant quelque temps un ancien concierge qui ouvrait la porte de la prison.

Indélicat, malheureusement, comme beaucoup d'anciens concierges, un soir, cet individu ouvrit la porte pour son propre compte et négligea de rentrer, bien que son temps de prison ne fût pas intégralement accompli.

Cette petite mésaventure n'exerça aucune influence sur M. Bluette qui continua l'application de son système, dans les limites du possible, bien entendu, car souvent surgissaient des difficultés. Exemple :

— Que faisiez-vous, mon ami, avant votre condamnation ?

— J'étais aéronaute, monsieur, je montais en ballon dans les foires.

— Diable! Je ne vois guère le moyen de vous utiliser dans cette branche, pour le moment.

— Le fait est que c'est un peu bas de plafond, ici.

Et l'homme ajouta, non sans toupet :

— Dans votre jardin, là... vous ne pourriez pas ?... Je me contenterais d'un ballon captif bien entendu.

. . . .

— J'y songerai.

Quand Blaireau fit son entrée, ou plutôt sa rentrée dans l'établissement de M. Bluette, ce dernier fut tout de suite conquis par la physionomie pittoresque de son nouveau pensionnaire, lequel était un homme maigre, osseux, avec de longs bras de singe, et, en somme un air « très bon garçon » qu'il devait à des yeux souriants et à une grande bouche grillagée de dents magnifiques.

Au cours du trajet entre le tribunal et la prison, Blaireau s'était calmé.

Trois mois à l'ombre, eh bien, quoi ! on n'en meurt pas. Justement, le printemps s'annonçait pluvieux, un de ces sales printemps pendant lesquels on a plutôt envie de rester couché que d'aller se promener dans les bois.

Tout de même, cet imbécile de Parju

qui prétendait l'avoir reconnu ! Celui-là, il ne le raterait pas à sa sortie, oh ! non, il ne le raterait pas !

Il avait trois mois de réflexion pour lui préparer un bon tour, et il lui en trouverait un et un soigné, nom d'un chien !

Vieille crapule de Parju, va, attends un peu !

. . . .

M. Bluette posait à Blaireau sa question habituelle :

— Dites-moi, mon ami, que faisiez-vous avant votre condamnation ?

Blaireau arbora un air des plus détachés et répondit :

— Je bricolais

— Eh bien ! mon ami, vous continuerez à bricoler ici. Dans une prison, il y a toujours de quoi occuper un homme qui bricole.

— Entendu, monsieur le directeur, fit Blaireau tout à fait conquis, je bricolerai de manière à vous donner toute satisfaction.

— J'espère, mon cher Blaireau, que pendant les trois mois que le gouvernement de la République vous confie à mes soins, nous n'aurons ensemble que d'excellents rapports.

— J'y compte bien aussi, monsieur le directeur... Et puis, je vous promets que vous n'aurez pas affaire à un ingrat. Aimez-vous le gibier?

— Blaireau, notre conversation prend un tour brûlant... Abordons un sujet moins dangereux : ainsi donc, cher ami, vous avez battu un garde-champêtre ; c'est très drôle, savez-vous.

— C'est très drôle, en effet, monsieur le directeur ; mais ce qui est moins drôle, c'est que je n'ai battu personne et que j'ai été condamné tout de même, car, tel que vous me voyez, monsieur le directeur, je suis innocent.

— Ah ! non, Blaireau, s'écria Bluette qui trouvait, malgré son indulgence générale, une telle prétention un peu excessive... ah ! non, je vous en prie, ne me la faites pas à l'erreur judiciaire ! Vous cesseriez de m'intéresser.

— Alors, bon, c'est entendu, fait Blaireau, qui a retrouvé toute sa philosophie. C'est entendu, j'ai fichu une volée au père Parju, je lui ai arraché sa plaque, et tout, et tout ! Voulez-vous que j'avoue aussi que j'ai assassiné Louis XIV pendant que j'y suis ? Moi, ça m'est égal !...

. . . .

Intense avait été l'émotion d'Arabella lorsqu'elle apprit de la propre bouche de M. Dubenoit le drame qui s'était joué la nuit sur les murs du parc de Chaville !

Le maire de Montpaillard pouvait s'égarer sur une fausse piste, mais elle ne se trompait pas. Elle savait pourquoi un soi-disant malfaiteur avait tenté de pénétrer nuitamment dans sa demeure. Est-ce qu'une des dernières lettres qu'elle avait reçues ne contenait pas ces mots : « Les murs du parc ne m'arrêteront pas. » Et ces mots éclairèrent le drame. Les murs du parc ne l'avaient pas arrêté. Heureusement ou malheureusement Arabella était embarrassée dans le choix entre ces deux adverbes — le garde-champêtre avait entravé une tentative sinon criminelle, du moins hardie.

La brusque cessation de la correspondance amoureuse à la suite de l'arrestation de Blaireau, ne laissa plus aucun doute dans l'esprit d'Arabella. Le « désespéré » était évidemment cet audacieux Blaireau qui n'avait pas reculé devant une nocturne escapade ! « L'homme qui l'aimait dans l'ombre », était un braconnier fameux dans le pays dont elle avait souvent entendu parler par M. le maire de Montpaillard, mais qu'elle ne se rappelait pas avoir rencontré. En tous cas, sa figure lui échappait.

C'était certes, une désillusion pour notre héroïne, mais il fallait se rendre à l'évidence. Elle soupira en pensant au beau, mais un peu vague gentilhomme, que son imagination avait créé de toutes pièces et auquel il ne manquait plus que le nom. Oui, elle gémit de renoncer à son roman, mais elle se sentit cependant incapable de la moindre animosité contre le ver de terre qui avait osé s'éprendre d'elle et risquer le bagne pour la conquérir. (Elle préférait songer qu'il avait risqué le bagne et non simplement quelques jours de prison.)

« Je ne peux pas l'aimer, certes, mais je

ne l'abandonnerai pas, se dit-elle. Il serait odieux que je ne m'intéresse pas au sort d'un garçon qui a été condamné à cause de son amour pour moi. Je dois adoucir sa captivité, d'autant plus qu'il a été d'une discrétion admirable et qu'il s'est laissé condamner quand il n'aurait eu qu'un mot à dire. C'est dommage qu'il ne soit pas gentilhomme. »

Et c'est pourquoi Blaireau reçut un matin, en la prison de Montpaillard un panier garni de victuailles délicates, de dix bouteilles de vin et de cigares exquis tout pareils à ceux de M. de Chaville, et dont il a été question au début de cette histoire.

A partir de ce jour, les envois se renouvelèrent régulièrement.

Parfois un fin billet parfumé accompagnait l'envoi : « *Bon courage !... On sait tout !... La personne vous est reconnaissante de votre discrétion... etc., etc.* »

Blaireau mangeait les victuailles, buvait le vin, fumait les cigares, lisait les billets parfumés murmurant : *Quelle est donc cette femme ?* et ne comprenait pas.

Entre temps, il jardinait, entretenait les fusils de M. Bluette (grand chasseur devant l'Eternel), soignait les chiens, fabriquait ces mille engins subtils qui servent à la vênerie ou à la pêche, tels que pièges, filets, bertavelles, nasses, rissoles, vredelles, tonnelles, bouquetouts, gluaux, éperviers, panneaux, sennes, drèges, pousaux, pantières, contrebougres, libourets, gangueils, etc., etc., une foule, pour nous résumer, d'objets dont l'ingénieuse construction révélait en lui un aviceptologue[1] remarquable doublé d'un malin thérenticographe[2] et d'un

---

1. *Aviceptologue*, homme fort renseigné sur l'art de prendre les oiseaux de toutes sortes.

2. *Thérenticographe*, personnage qui, sans avoir écrit un

ichthyomancien[1] de tout premier ordre.

Quelquefois, M. Bluette le priait d'aller lui pêcher quelques goujons ou autres dans la petite rivière qui coule au bas du jardin directorial.

Dire que Blaireau n'eut jamais l'idée de prendre le passe-partout des champs serait mentir, mais âme loyale, il sut ne point mésuser de la confiance témoignée et, régulièrement, on les voyait rentrer, sa matelotte ou friture et lui, à l'heure dite.

Ainsi s'écoula le trimestre, fort peu cellulaire, en somme, de Blaireau.

. . . .

C'est le matin, notre captif se lève, le cœur tout à la joie.

Le jour que voici, c'est son dernier jour

---

traité sur l'art de la chasse (*thérentique*), n'en ignore pas pas moins nul de ses secrets.

[1] *Ichthyomancien*, individu qui prétend avoir la divination de l'avenir basée sur certains manèges des poissons.

de geôle : ce soir il se couchera au grand soleil de la liberté, si j'ose nous exprimer ainsi.

Blaireau rayonne...

Hélas ! Blaireau, il était dit que ton rude calvaire n'était point gravi jusqu'à son faîte !

VII

Dans lequel un drame demeuré des plus obscurs jusqu'à ce jour apparaîtra limpide comme eau de roche.

Revenons, s'il vous plaît, mesdames et messieurs qui me faites l'honneur de me lire, revenons chez les Chaville, dans ce parc au sein duquel s'élabora le début de ce récit.

Maintenant il est cinq heures, le mercure du thermomètre a regagné un étiage plus raisonnable.

Pendant que la famille de Chaville et

leurs invités devisent de choses et d'autres, M{%^lle%} Arabella rejoint son professeur de gymnastique, M. Jules Fléchard, qui l'attend depuis quelques minutes.

— Bonjour, monsieur Fléchard.

— Mademoiselle Arabella, j'ai le grand honneur de vous saluer.

— Je vous demande pardon de vous avoir fait revenir, monsieur Fléchard. Nous avions du monde...

— Je sais, mademoiselle, mais peu importe. L'essentiel, c'est que je suis revenu. J'ai cru un instant que vous ne prendriez pas votre leçon aujourd'hui et j'en étais profondément navré.

— Vous vous navrez pour peu, monsieur Fléchard. Une leçon perdue n'est pas une grande affaire.

— Pardon, mademoiselle, pour moi, c'est une grande affaire.

— Je ne vois pas en quoi, puisque vous êtes payé au mois.

— Ah ! mademoiselle !

Et portant ses deux mains au cœur, Fléchard chancela comme s'il avait reçu un grand coup d'estocade en pleine poitrine.

— Quoi ? Qu'avez-vous ? fait Arabella inquiète.

— Il y a, mademoiselle, que vous venez de me faire bien du mal.

— Moi ?

— Oui, vous mademoiselle. Vous venez de me causer un des plus grands chagrins de ma vie !

— Mais, enfin, monsieur Fléchard, expliquez-vous !

Jules Fléchard semblait s'être ressaisi :

— Ce n'est pas la peine, mademoiselle. Ne parlons plus de cela, s'il vous plaît, et travaillons.

— Monsieur Fléchard, vous allez me dire ce que vous avez aujourd'hui. Vous êtes tout drôle !

— Non, mademoiselle, je ne suis pas drôle, vous vous trompez, et je n'ai rien du tout. *(D'un ton amer)*. D'ailleurs, ai-je le droit d'avoir quelque chose ? je suis payé au mois !

rabella était désolée ; assurément elle avait vexé le pauvre garçon :

— Mon cher monsieur Fléchard, soyez bien certain que je n'ai pas dit cela pour vous offenser.

— Offenser ! Est-ce qu'on peut offenser un homme qui est payé au mois !

— J'ai la plus grande estime pour vous, et je ne me consolerais pas de vous avoir fait de la peine.

— Au mois ! Payé au mois !

— Mais quel déshonneur, monsieur Fléchard, y a-t-il donc à être payé au mois. Les ambassadeurs aussi sont payés au mois.

— Avec cette différence, mademoiselle, qu'ils sont payés beaucoup plus cher.

— Hé, qu'importent les appointements! Toutes les places se valent quand elles sont occupées par des hommes distingués, intelligents... comme vous, monsieur Fléchard.

— Vous dites cela, mademoiselle, et je vous remercie. N'empêche que vous accepteriez d'un ambassadeur des choses que vous ne supporteriez pas d'un professeur de gymnastique.

— N'en croyez rien ! je ne suis pas une de ces femmes à préjugés.

— Oh! oh!

— Je vous l'affirme, monsieur Fléchard, et (*d'un ton mystérieux*), peut-être s'en apercevra-t-on bientôt.

— Tenez, mademoiselle, je vais vous faire

une supposition, une petite supposition de rien du tout, si vous le permettez.

— Je vous le permets.

—Supposez qu'un homme, dans une position inférieure (car vous avez beau dire, il y a des positions inférieures), supposez que cet homme ose se permettre de lever les yeux sur une femme... comme vous, mademoiselle.

— Eh bien ?

— Supposons qu'il se permette... de l'aimer ! C'est alors qu'il y en aura une, de différence, entre lui et l'ambassadeur !

— Aucune, en ce qui me concerne. Moi, d'abord, je n'aimerai jamais qu'un homme romanesque comme moi, capable d'actions héroïques et dangereuses, un homme différent des autres, en un mot ! Cet homme-là, qu'il soit ambassadeur ou professeur de gymnastique, je serai sa femme !

Ils étaient beaux à voir tous les deux, la demoiselle mûre frémissant d'une noble exaltation, le professeur de gymnastique avec, dans les yeux, la flamme qui sait? de l'espoir suprême!

Fléchard reprit:

— Alors, mademoiselle, vous aimeriez un homme qui aurait risqué la prison pour vous, qui aurait risqué le déshonneur?

— Tout de suite!

— Un homme qui, pour vous, aurait failli tuer quelqu'un?

Un voile de tristesse passa sur le front d'Arabella.

— Ah! taisez-vous, monsieur Fléchard. Vous me rappelez ce malheureux qui, pour me voir une seconde à la fenêtre de ma chambre, a presque assommé le garde-champêtre, et qui gémit dans un cachot... jusqu'à demain.

— Blaireau ! Vous voulez parler de Blaireau ?

— Sans doute.

— Et vous supposez que c'est pour vous voir que ce Blaireau se disposait à escalader le mur du parc ?

— Evidemment... A l'audience, on a dit qu'il venait voler des poules. Mais moi, je sais, je sais tout !

— Et alors ?

— Alors... rien... je me suis contentée d'adoucir sa captivité en lui envoyant quelques petites douceurs, des confitures...

Fléchard eut un haut le corps :

— Des confitures !

— Du vin...

— Du vin !

— Des cigares...

— Des cigares !

Il murmura : « Crapule de Blaireau »,
puis :

— Et qu'est-ce qu'il disait, Blaireau, en recevant toutes ces denrées ? Il les acceptait !

— J'ai tout lieu de le croire.

— Il mangeait les confitures ? Il buvait le vin ? Il fumait les cigares ?

— Dam !

— Et le directeur de la prison tolérait toutes ces bombances ?

— M. Bluette est très bon avec ses pensionnaires.

Jules Fléchard s'était redressé comme un homme qui vient de prendre une virile résolution.

— Mademoiselle Arabella de Chaville, j'ai quelque chose d'infiniment grave à vous communiquer.

— Qu'y a-t-il, mon Dieu ?

— Ce Blaireau auquel vous semblez prendre un si vif intérêt, ce Blaireau est un imposteur !

— Que voulez-vous dire ?

— Ce Blaireau, continua Fléchard avec force, n'avait droit ni à vos confitures, ni à votre vin, ni à vos cigares, ce Blaireau n'avait droit à aucune gracieuseté de votre part.

— Je ne comprends pas.

— Ce Blaireau est une canaille !... Il est innocent !

— Innocent ?

— Parfaitement.

— Vous êtes fou, Fléchard !

— Non, mademoiselle, je ne suis pas fou. L'*homme qui vous aime dans l'ombre* ce n'est pas lui !

— L'*homme qui m'aime dans l'ombre !* Comment connaissez-vous les termes de ces lettres brûlantes ?

— Je les connais, mademoiselle, parce que c'est moi qui les ai écrites !

— Vous ?

— Vous souvient-il de la lettre commençant par ces mots *Toi qui es une âme d'élite* et finissant par ceux-ci : *L'amour me dévore*, et cette autre où je vous disais : *Trois fois par semaine je souffre un peu moins.*

— Oui, je ne me suis même jamais bien expliqué ce détail.

— C'était les trois fois par semaine où je vous donnais votre leçon de gymnastique.

— Mon Dieu ! mon Dieu ! Alors, mon pauvre Fléchard c'était donc vous ?

— C'était moi, mademoiselle, moi qui n'ai pas hésité une seconde à laisser condamner un innocent à ma place pour ne pas cesser de vous voir, de vous entendre...

— Et c'est vous qui avez assommé ce

pauvre Parju ? Qui aurait pu croire ?...

— Oh ! j'ai l'air chétif, comme ça, mais je suis nerveux, terriblement nerveux ! Ce soir-là, j'aurais tué dix hommes !

— Pourquoi ne m'avez-vous plus écrit à partir de ce jour ?

— Le remords !... La peur de vous compromettre... que sais-je ?

— Ainsi donc, le mystérieux inconnu...

— C'était moi... Et maintenant mademoiselle, il ne me reste plus qu'à vous demander humblement pardon, et... à m'en aller, sans doute.

Il y eut un silence.

Chacun d'eux les yeux baissés, semblait la proie d'une émotion contenue. Comme Fléchard faisait le geste de partir, Arabella commanda d'une voix douce :

— Restez, Fléchard.

Fléchard baisa la main qu'on lui tendait.

VIII

Dans lequel grâce au mauvais vouloir d'un partisan de l'ordre, plusieurs personnes dévouées ne sont pas fichues de trouver la moindre pauvre victime à soulager. Soyons discrets.

Laissons, si vous voulez bien, ces deux cœurs tendres s'épancher à l'ombre du trapèze et revenons dans le parc, nous mêler aux groupes des invités.

M. le baron de Hautpertuis est entouré de jeunes hommes et de jeunes filles.

Les jeunes hommes admirent la tenue à la fois si sobre et si élégante du distingué Parisien.

— Oh ! cette cravate ! Oh ! la coupe de cette jaquette ! Oh ! le cordon de ce monocle !

Et ils rêvent, les bons jeunes hommes ! Ah ! Paris ! Décidément, il n'y a qu'à Paris où l'on sait s'habiller.

Les jeunes filles prodiguent au baron les plus délicieux sourires de leurs vingt printemps.

Elles ont quelque chose à lui demander, mais aucune n'ose se risquer la première.

— Toi, Lucie, parle !

Lucie se décide et, non sans une charmante gaucherie :

— Si vous étiez bien gentil, baron, dit-elle vous ne savez pas ce que vous feriez ?

— Ma chère enfant, si je ne faisais pas tout pour vous être agréable, je serais un monstre fort hideux.

— Eh bien ! vous devriez nous organiser quelque chose.

— Vous organiser quelque chose ? C'est un programme bien vague, cela, mademoiselle Lucie.

— Une fête, une belle fête, comme à Paris.

— Une fête de charité, par exemple ?

— Oui, c'est cela, une fête de charité, ici, dans le parc.

— Excellente idée ! Mais au bénéfice de qui ?

— Nous ne savons pas encore, mais on trouverait facilement.

— Détrompez-vous, mademoiselle, il est quelquefois fort malaisé de trouver des victimes, j'entends, des victimes pour fêtes de ce genre.

— Oh ! en province, nous ne sommes pas si difficiles qu'à Paris.

— Mesdemoiselles, je suis heureux de me mettre à votre disposition. Nous allons organiser tout ce qu'il y a de mieux dans ce genre, une fête qui va révolutionner tout le pays !

— Révolutionner tout le pays !

M. Dubenoît venait d'entendre cette phrase terrifiante : *Révolutionner le pays* !

— Halte-là, monsieur le baron ! Révolutionner Montpaillard, vous n'y songez pas !

— Oh ! avec une fête de charité.

— Avec une fête de charité ou avec toute autre cérémonie, il ne faut pas troubler les cités tranquilles. Or, Montpaillard est la commune la plus tranquille de France, et tant que j'aurai l'honneur d'être maire...

— Oui, interrompit Guilloche, nous connaissons le reste. Ce n'est pas de la ville de Montpaillard qu'on aurait dû vous nommer maire, M. Dubenoît, mais d'un banc de mollusques !

— J'aimerais mieux cela que d'être à la tête d'une cité de désordre. Et puis votre fête de de charité, au bénéfice de qui ?

— Mais au profit des pauvres du pays, proposa le baron.

— Il n'y a pas de pauvres dans le pays. Tout le monde y jouit d'une modeste aisance.

— N'avez-vous pas eu, il y a quelque temps, une catastrophe ?..

— Une catastrophe ! Il n'y a jamais eu de catastrophe à Montpaillard, et tant que je serai maire...

— Il n'y aura pas de catastrophe, c'est entendu. Et une épidémie, vous n'auriez pas eu une petite épidémie ?

— Jamais !

— Diable, c'est ennuyeux ! Et les victimes de l'hiver, vous avez bien par-ci par-là quelques victimes de l'hiver ?

— L'hiver ne fait jamais de victimes, à Montpaillard... Au contraire.

— Pas de chance... Si on bâtissait un hospice pour les vieillards ?

— Nous en avons un qui date de Vauban et qui est encore tout neuf.

— Cela est fort regrettable ! cherchons encore.

— Cherchez, s'obstinait M. Dubenoît ; cherchez, vous ne trouverez rien. Il n'y a dans Montpaillard aucune sorte de victimes.

— Alors, nous ferons notre fête au profit des victimes étrangères, j'en ai bien organisé, moi qui vous parle, au bénéfice des incendiés du Niagara.

— Les incendiés ?... Les inondés, vous voulez dire ?

— Non, non, des incendiés, vous ne vous souvenez pas de cette catastrophe ?

— Ma foi, non.

— Elle fit pourtant beaucoup de bruit à l'époque.

— Je n'ai pas de peine à le croire.

— Voyons... cherchons encore.

IX

Dans lequel Jules Fléchard trouve un cheveu sur l'azur de son firmament.

Comme c'est drôle la vie, tout de même !

Des années — quelquefois — se suivent, se succèdent bêtement sans apporter quoi que ce soit de nouveau à votre destinée, si ce n'est que de rogner, chaque jour un peu, les plumes de ce stupide et charmant volatile qu'on appelle l'Espérance et puis, d'un coup, voilà qu'en un instant tout est changé !

Le marécage de votre plate existence se transforme brusquement en tumultueux océan.

Des lueurs fulgurent le gris terne de votre firmament, et des ailes, croirait-on, vous poussent aux omoplates.

Telles furent les réflexions qui agitèrent l'esprit d'Arabella de Chaville, après le coup de théâtre raconté de si poignante façon dans un précédent chapitre.

Ainsi donc elle était aimée !

Aimée comme elle avait toujours désiré d'être aimée, dans des circonstances romanesques, par un homme qui n'hésitait pas de nuit, à sauter les murs d'un parc pour apercevoir, ne fût-ce qu'une seconde, la silhouette effacée de sa belle, derrière un rideau !

Aimée par un homme qui rossait le guet, comme au beau temps des moyenâgesques aventures !

Et, à la dérobée, entre deux rétablissements, Arabella contemplait son professeur.

Certes, au premier aspect, vous ne prendriez pas Jules Fléchard pour un homme à prouesses, mais à le mieux considérer, votre étonnement cesserait.

Ses yeux bruns sont ceux d'un amant et son air de fatigue révèle le héros provisoirement las de s'être longtemps colleté avec le Destin. On sent qu'il a les bras rompus, comme disait Baudelaire, *pour avoir étreint des nuées.*

Telle est du moins la vision qu'en éprouvait Arabella.

A plusieurs reprises, les regards de nos deux héros se rencontrèrent, et du bonheur pouvait s'y lire et de l'espoir.

La demie sonna au beffroi proche : le moment où la leçon de gymnastique prenait fin.

Toute droite, de ce roidissement qu'affectent les personnes à brusque détermination, Arabella tendait la main à son professeur :

— Mon cher Fléchard, au revoir et soyez bien persuadé que je ne vous oublierai pas pendant tout le temps que nous allons être séparés !

— Séparés ?

— Hélas oui ! Pendant que vous serez en prison, mon ami.

— En prison ?

Le pauvre Fléchard sembla subitement inquiet. Arabella n'allait-elle pas exiger qu'il se dénonçât, maintenant ! C'était pousser le romanesque un peu loin.

— En prison ?

— Mais quelle que soit la sévérité de vos juges, mon cher ami, le tribunal de mon cœur vous a déjà acquitté.

— Croyez-vous que ce soit bien utile, mademoiselle, que j'aille me dénoncer?

— Il le faut!... Quoi de plus beau que d'affronter les tribunaux et la prison pour celle qu'on aime !

— Oui, en effet, c'est beau, c'est très beau ! Mais vous savez bien maintenant que je suis capable de les affronter, n'est-ce pas ? C'est l'important ! Gardons cela entre nous, causons-en, si vous voulez, de temps en temps, mais pourquoi le crier à tout le monde ?

— Il faut accomplir le sacrifice jusqu'au bout, Fléchard !... Et puis, ce pauvre Blaireau est innocent. Rendez-lui son honneur.

Le professeur se permit de ricaner :

— Oh! l'honneur de Blaireau, vous savez ! je lui donnerai quelques pièces de cent sous, à cet homme, il aimera mieux cela.

— Pas de faiblesse, Fléchard ! Dénoncezvous avec cet héroïsme qui vous va si bien et qui me plait si fort en vous !

— N'aurai-je pas l'air de poser ? de vouloir — passez-moi l'expression — épater la galerie ?

— Non, Fléchard, vous aurez l'air de faire votre devoir et vous sortirez grandi de cette épreuve, surtout à mes yeux.

Décidément, il n'y avait plus à caner ! Tout de même, c'était une drôle d'idée de vouloir le faire aller en prison... Mais, bah, on en sort, de prison ! Et puis après... ô délices !

— Mademoiselle Arabella, vous venez de me convaincre !

— A la bonne heure, Fléchard ! Je vais prier ces messieurs de venir et vous leur répéterez ce que vous venez de me dire.

— Que je vous aime ?

— Non, cela ne les regarde pas, mais que

c'est vous le vrai coupable et que Blaireau est innocent.

Fléchard eut une dernière hésitation :

— Si on remettait cette petite cérémonie à plus tard ?

— Oh ! mon ami !...

— C'est bien, mademoiselle. Veuillez prévenir ces messieurs. Je suis prêt au sacrifice.

— Bravo ! Fléchard !... Et prenez une belle attitude !

X

Dans lequel Fléchard déchire publiquement le hideux voile du malentendu.

Arabella ne fut pas longtemps absente.

Bientôt elle revenait accompagnée de quelques gentlemen que ses airs mystérieux semblaient fort intriguer.

Il y avait dans le groupe M. de Chaville, le baron de Hautpertuis, Mᵉ Guilloche, M. Lerechigneux, président du tribunal, et, visiblement inquiet, le maire, M. Dubenoît.

M. de Chaville prit la parole :

— Qu'y a-t-il, Fléchard, vous nous faites demander ?

— Oui, messieurs, je vous ai prié de venir au sujet d'une grave communication que j'ai à vous faire.

— Une grave communication ?

— Une grave communication ! D'ailleurs, j'aperçois parmi vous l'honorable président du tribunal, M. Lerechigneux ; j'en suis heureux, car sa présence ici va donner plus de poids à ma déclaration.

Le moment était solennel...

Fléchard toussa et reprit :

— Messieurs, l'affaire Blaireau est sans doute encore présente à vos esprits ?...

— Oui, éclata Dubenoît, Blaireau, le pire braconnier de tout le pays, un mauvais gars que M. le président a condamné avec une indulgence !... Trois mois de prison, je vous demande un peu ! Et dire qu'il a fini son temps et qu'on va le remettre en liberté ! Mais il va avoir à faire à moi !

— Eh bien, messieurs, Blaireau n'est pas coupable, Blaireau a été condamné injustement !

La foudre fût tombée subitement sur tous ces messieurs que leur stupeur eût été certainement plus considérable, mais, tout de même, ils furent bien étonnés de cette déclaration.

— Qu'est-ce que vous nous chantez là, Fléchard ?

— Je ne chante pas, messieurs..., j'avoue, car dans cette ténébreuse affaire Blaireau, le vrai coupable, je viens d'avoir l'honneur et le plaisir de le déclarer à mademoiselle Arabella de Chaville, c'est votre serviteur.

L'inquiétude de M. Dubenoît s'accentuait de plus en plus fort.

Une erreur judiciaire à Montpaillard, eh bien ! il ne manquait plus que cela ! Les dix-sept révolutionnaires du pays allaient profiter de l'aventure pour créer un désordre !... Non, cela n'était pas possible et M. le maire en appelait à M. le président du tribunal.

Ce magistrat prenait la chose avec infiniment plus de sérénité.

— L'affaire Blaireau ? Oui, je me rappelle très bien. Un braconnier, n'est-ce pas ? Un bonhomme qui protestait de son innocence, qui invoquait un alibi... Mais, ainsi que je le lui ai fait fort bien remarquer, les alibis, c'est précisément à cela que nous reconnaissons les vrais coupables. Est-ce que vous avez jamais rencontré un honnête homme se rendant à un alibi, ou en revenant ?

— C'est clair, appuya Dubenoît, c'est clair !

— D'ailleurs, poursuivit le président, si

M. Fléchard peut nous démontrer qu'il est coupable, nous le condamnerons, tout comme nous avons condamné Blaireau, qui n'a pas su nous prouver qu'il était innocent.

— Vous ne ferez pas cela, monsieur Lerechigneux ! Au nom de l'ordre, au nom de la tranquillité de Montpaillard, je vous en conjure !

M⁰ Guilloche rayonnait.

Une erreur judiciaire ! Ah ! ah ! on allait rire ! Et les pouvoirs publics pouvaient s'apprêter à passer un vilain quart d'heure.

— Oui, monsieur le maire, ricanait le jeune ambitieux, il ne s'agit pas de la tranquillité de Montpaillard, en ce moment, mais de quelque chose de plus haut.

— Fichez-moi la paix ! Vous voyez bien que, dans un but que je ne comprends pas, Fléchard se moque de nous. Le garde champêtre a positivement reconnu Blaireau comme son agresseur.

— Le garde-champêtre s'est positivement trompé, voilà tout !

Fléchard tira de sous ses vêtements un objet qu'il dépaqueta avec le plus grand soin :

— Savez-vous ce que c'est que cela ?

— Qu'est-ce ?

— Regardez bien, messieurs. Ceci est la plaque du garde-champêtre, la plaque que je lui ai arrachée dans le combat ! C'est la plaque commémorative de mes remords, je l'ai toujours sur moi.

— Drôle d'idée !

— Voyez, messieurs, j'ai gravé la date dessus.

Guilloche triompha.

— Il n'y a plus de doute, maintenant. Nous nous trouvons en présence d'une erreur judiciaire incontestable, une des plus belles erreurs judiciaires que j'aie jamais rencontré dans ma carrière d'avocat.

Mais l'honorable M. Dubenoît ne l'entendait pas ainsi :

— Une erreur judiciaire! Jamais de la vie!

— Et qu'est-ce que c'est donc, s'il vous plaît ?

— Une confusion, une simple confusion indigne de fixer notre intérêt plus de cinq minutes.

— Ah ! vraiment ?

— Votre Blaireau n'est qu'un mauvais drôle! En admettant qu'il ne soit pas coupable dans cette affaire-là, il a sur la conscience une foule d'autres méfaits pour lesquels il n'a jamais été condamné.

— Cela n'est pas une raison.

— Je vous demande pardon, c'en est une, et une excellente! Blaireau est un braconnier avéré. Vous n'allez pas me dire le contraire à moi qui suis un de ses meilleurs clients.., quand la chasse est fermée. Et c'est ce gaillard-là que vous voulez ériger en victime, en victime d'une erreur judiciaire !

A ce mot de victime, le baron de Hautpertuis avait bondi.

— Une victime ! Mais la voilà notre victime ! Et vous, monsieur le maire, qui prétendiez qu'il n'y avait pas de victimes à Montpaillard !

— Permettez, baron, permettez...

— Victime d'une erreur judiciaire ! Ce sera ma première fête de charité au bénéfice d'une victime de ce genre. J'ai eu des victimes de l'incendie, des victimes de l'inondation, des victimes du choléra, mais jamais des victimes de la magistrature.

Tout le monde, même et surtout le président Lerechigneux se mit à rire.

— Cela complètera votre collection, mon cher baron ! fit l'inconscient magistrat.

Un peu vexé qu'on ne s'occupât plus de lui, Jules Fléchard déclara solennellement :

— Et maintenant, messieurs, je vous quitte. Je vais verser mes aveux dans le sein de M. le procureur de la République.

— Vous ne ferez pas cela, s'écria Dubenoît, vous ne ferez pas cela Fléchard ! Voyons, mon ami, songez que vous allez mettre Montpaillard à feu et à sang !

L'effroi du maire procurait au jeune avocat une joie sans bornes.

— M. Fléchard ne connaît que son devoir d'honnête homme. N'est-ce pas Fléchard ?

— Et je le remplirai jusqu'au bout, quoi qu'il puisse en arriver !

Une regard brûlant d'Arabella récompensa le héros qui n'hésita pas à se mettre la main gauche sur le cœur, en signe de courage civique et de sacrifice au devoir.

Mᵉ Guilloche s'était muni de son chapeau.

— Voulez-vous de moi pour avocat?

— Volontiers.

— Alors, partons, je vous accompagne au parquet.

— Messieurs, au revoir! Au revoir, mademoiselle.

D'une voix de plus en plus sarahbernhardtesque, Arabella laissa tomber ces mots:

— Au revoir, ami, et bon courage.

M. Dubenoît se laissa choir sur un banc.

— Une erreur judiciaire à Montpaillard! Ah ça va en faire du joli !

Et M. le baron de Hautpertuis alla rejoindre jeunes gens et jeunes filles pour leur annoncer la grande nouvelle:

— Une victime! mesdemoiselles ! une victime! Nous la tenons notre victime !

— Contez-nous cela, baron !

Et toute cette jeunesse battit des mains.

— Imaginez-vous, mesdemoiselles...

(Pour la suite, voir plus haut.)

Quant à Jules Fléchard, c'est dans un rêve étoilé qu'il se rendait au parquet, murmurant :

— De quelle voix elle m'a dit : *Au revoir, ami, et bon courage !*

XI

Dans lequel l'auteur va mettre sa clientèle en contact avec une jeune et élégante irrégulière non dénuée, au reste, de bons sentiments, ce qui arrive plus souvent qu'on ne croit, chez ces sortes de créatures.

Mesdames et messieurs les lecteurs, en voiture !

Usant de cet admirable privilège que possèdent les romanciers de transporter sans bourse délier et instantanément la masse de leurs lecteurs dans les endroits les plus lointains, je vais, pour quelques heures, vous arracher à cette agréable villégiature de Montpaillard où nous venons de passer ensemble une dizaine de... chapitres.

Donc, nous voici à Paris.

Quartier de l'Étoile.

Dans un coquet appartement habité par une jeune femme, une de ces jeunes femmes qui... une de ces jeunes femmes dont...

Cette personne qui n'est pas une jeune fille, puisque je vous dis que c'est une jeune femme, n'est pas non plus l'épouse d'un quidam.

Veuve? Pas davantage.

Au surplus, il serait inélégant d'insister sur cette enquête parfaitement superflue d'ailleurs, et digne d'un mercenaire du recensement, car les lignes qui vont suivre nous fixeront bien assez tôt sur le regrettable état civil de cette jolie pécheresse.

Au moment où nous pénétrons chez elle, la petite dame n'a pas l'air content. D'une main rageuse, elle chiffonne la missive qu'une accorte chambrière vient de lui remettre.

Continuant à user du privilège en question, je vais traduire en langage clair les pensers qui agitent la petite âme de la petite dame.

Son ami, son principal ami — car qui n'a point son gigolo? — son ami sérieux, M. de Haut-pertuis, lui avait pourtant bien promis d'être rentré à Paris aujourd'hui même.

Après quoi, on filait sur Trouville. Et puis, tout à coup, voilà que ce gentilhomme demande de patienter encore un peu.

Il se trouve si bien, lui, à la campagne, chez son vieux camarade de Chaville, il est si gâté, si choyé!

Et puis, les jeunes filles de la province, c'est très gentil! Ça vous change un peu du Jardin de Paris, n'est-ce pas, et du Bois de Boulogne, et du Palais de Glace.

Toute la lettre du baron est conçue dans ce sens.

— Ah! tu aimes le changement, vieux serin! rage la petite dame. Eh bien! moi aussi! Ah! tu te trouves bien à Montpaillard, eh bien! moi aussi, je vais y aller! Justement, j'y connais quelqu'un... Augustine!

— Madame.

— Préparez-moi une malle, une petite, pour quelques jours seulement... Rien que des choses simples.

— Bien, madame.

Et elle ajoute en elle-même:

— Une tenue sobre est de rigueur pour aller où je vais... En prison! Oh! que ça va être drôle, mon Dieu, que ça va donc être drôle !

Elle a pris deux feuilles de papier et deux enveloppes.

Sur la première feuille elle trace, d'une belle écriture anglaise haute, droite et ferme, ces mots :

« Mon cher ami,

» Vous retardez, me dites-vous, de quelques jours votre rentrée à Paris. Cela ne saurait tomber mieux à pic, car je reçois à l'instant de fâcheuses nouvelles de la santé de ma tante de Melun, assez fâcheuses pour que je me décide à aller passer plusieurs jours au chevet de ma bonne vieille parente.

» Embrassez-moi sur le front, en évitant de me décoiffer.

» Delphine de Serquigny. »

Elle inséra cette missive dans une enveloppe qui porta cette suscription :

Monsieur le baron de Hautpertuis,
chez M. de Chaville,
à Montpaillard (Nord-et-Cher).

Sur la seconde feuille elle traça, d'une écriture bien française celle-là, et même un peu folichonne, ces mots :

« Mon vieux loup chéri :

» Qu'est-ce que tu dirais si ta petite Alice rappliquait demain dans ton administration ? Tu serais bien content, dis ? Et puis, je te dois bien ça, entre nous. A demain donc, vieux loup. Un télégramme bien senti te dira l'heure de mon arrivée.

» Ta petite pintade au gratin.

» Alice. »

Elle inséra cette missive dans une

enveloppe qui porta cette suscription :

M. Bluette, directeur de la prison de Montpaillard (Nord-et-Cher).

— Augustine !

— Madame ?

— Vous ferez jeter ces deux lettres à la poste.

— Bien, madame.

Le mécontentement de Mlle Delphine de Serquigny, ou, pour dire plus juste, de Mlle Alice Cloquet, s'était évanoui, ainsi qu'un léger nuage.

Au contraire même, la jeune personne ne se sentait plus de joie à l'idée de passer quelques jours en prison avec son ancien ami, un de ses premiers, celui dont elle conservait le meilleur et plus gai souvenir. Elle l'avait ruiné, c'est vrai (la vie est si chère à Paris !), mais si gentiment ruiné, et on s'était si fort amusé tous les deux, pendant le temps qu'on était resté ensemble !

Puis la séparation fatale, mais en bons camarades : lui parti comme directeur de prison à Montpaillard, elle devenue très chic, très lancée, très Delphine de Serqui gny, mais restée bonne fille, et la preuve c'est qu'elle se souvient de son petit Bluette et qu'elle se sent toute joyeuse à l'idée du plaisir qu'elle va lui causer en débarquant chez lui.

— Et puis, je lui dois bien cela ! répète-t-elle avec un gentil petit remords, tout petit, petit...

XII

Dans lequel notre excellent camarade Blaireau continue à manifester une grandeur d'âme exceptionnelle et un caractère des plus accommodants.

Le matin de ce jour qu'il croit être le dernier de sa détention, Blaireau s'est levé dès l'aurore et sa chanson joyeuse réveille les pensionnaires de l'établissement.

(Cela rentre dans le système du directeur de laisser chanter les détenus car, la musique non seulement adoucit les mœurs, mais encore les probifie.)

Dans la cour où il va fumer sa pipe, il rencontre Victor, un des gardiens.

— Tiens, Blaireau ! Déjà levé ?

— Oui, Victor, me voilà déjà levé ! Et demain matin, probable que je serai levé encore *plus bonne heure.* C'est tout de même pas trop tôt qu'on me lâche !

— Ah ! je te conseille de te plaindre ! Jamais tu n'as été si heureux que pendant ces trois mois-là.

— Oh ! je ne me plains pas, mais, tu as beau dire, ça ne vaut pas la liberté.

— Ça dépend des goûts.

— Et puis, il n'aurait plus manqué que ça qu'on me fasse des misères, à moi, un innocent !

— Oh ! non, Blaireau, je t'en prie, ne nous rase pas avec tes sornettes. Innocent ! Je comprenais que tu dises ça en entrant, mais aujourd'hui, ça n'est plus la peine.

— Remarque bien, mon vieux, que je n'insiste pas. Au commencement, j'ai ragé, oh ! oui, j'ai ragé ! Mais, maintenant, ça m'est égal, j'en ai pris mon parti. M. Bluette est un brave homme, toi tu es un bon garçon, les camarades sont des chouettes types. Je suis enchanté d'avoir fait votre connaissance à tous... Il y a même des moments où je ne me souviens pas si je suis innocent ou coupable... Je suis forcé de faire des efforts de mémoire.

— Farceur, va !... Tiens, voilà le patron !... Il est matinal, aujourd'hui, le patron. C'est peut-être à cause de la dépêche qu'on vient de lui apporter.

M. Bluette tenait en effet à la main un télégramme dont la lecture semblait le jeter dans une vague perplexité.

— Bonjour, Blaireau, bonjour Victor. Je crois que nous n'allons pas avoir froid aujourd'hui... Enfin, c'est la saison ! Dites-moi, Victor...

— Monsieur le directeur ?

— Vous allez préparer la chambre bleue, la faire à fond et tout disposer pour recevoir quelqu'un...

— Bien, monsieur le directeur.

— J'attends... quelqu'un... une dame... une cousine qui vient passer quelques jours ici... pendant que son mari fait ses treize jours.

— Pauvre homme ! dit Blaireau, en voilà un qui ne va pas avoir froid non plus, si on lui fait faire un peu de pas gymnastique !

M. Bluette avait en effet oublié, dans son pieux mensonge, que le ministère de la guerre ne convoque pas les *treize jours* en cette saison.

— Oh ! rectifia-t-il, le mari de cette dame n'aura pas trop à souffrir de la chaleur... Il fait son temps comme directeur-adjoint dans les prisons territoriales.

— A l'ombre, quoi ! sourit Blaireau. Grand bien lui fasse. Moi, l'ombre, j'en ai assez !

— C'est juste, mon ami, vous nous quittez aujourd'hui... Vous avez payé, comme disent les gens graves, votre dette à la société.

— Oh ! ma dette...

— Victor, conduisez notre ami Blaireau au vestiaire et remettez-lui les vêtements qu'il portait en arrivant ici.

— Bien, monsieur le directeur.

— Après quoi, Blaireau, vous me rejoindrez dans mon cabinet, où nous accomplirons les petites formalités en usage... Je vous regretterai, Blaireau.

— Moi aussi, monsieur le directeur.

— Et je garderai de vous un excellent souvenir. D'abord, vous êtes entré dans la prison de Montpaillard le même jour que moi... Vous en sortez un peu avant...

— Je reviendrai vous voir de temps en temps, si vous le permettez.

— Vous me ferez toujours plaisir.....
J'aime à croire que cette petite mésaventure vous aura servi de leçon, et que, dorénavant, vous renoncerez tout à fait au braconnage...

— Oui, monsieur le directeur.

— Et que vous vous montrerez plus respectueux envers l'autorité.

— Je vous le promets, monsieur le directeur.

— Le fait de rosser un garde champêtre n'est pas déshonorant, mais il est excessif.

— Je ne le ferai plus.

Mais soudain Blaireau frappa la table d'un grand coup de poing.

— Qu'avez-vous, Blaireau ? fit Bluette étonné, vous êtes tout drôle.

— J'ai... j'ai, monsieur le directeur, que... zut !... j'ai que... je suis là à vous promettre de ne pas recommencer, mais je n'ai rien fait... Je ne dis pas, parbleu ! que je n'ai pas braconné de temps en temps, par-ci par-là, mais pour ce qui est d'avoir flanqué une volée à Parju, ça non, je le jure, monsieur Bluette, pour ça, je suis innocent comme le petit agneau qui vient de naître !

— Je vous en prie, Blaireau, ne recommençons pas cette rengaine ! Vous êtes un excellent sujet, vous pêchez à la ligne comme pas un et vous jetez l'épervier d'une façon remarquable. Il est vraiment fâcheux que de si belles qualités soient gâtées par cette ridicule manie de jouer à l'innocent.

— Mais, monsieur le directeur...

— C'est usé, mon pauvre Blaireau, ça ne se dit plus.

— Écoutez, monsieur Bluette, vous avez été trop gentil pour moi, je ne veux pas vous faire de la peine. Ça vous ferait-il plaisir que je dise que je suis coupable?

— Je le préfèrerais.

— Eh bien, je suis coupable; êtes-vous content?... Ça n'est pas vrai, mais je suis coupable.

— A la bonne heure, Blaireau! Enfin, vous voilà raisonnable?

— Et puis, que je sois coupable ou non !... Comme je sors aujourd'hui, ça n'a pas beaucoup d'importance.

— Il y a encore ce point de vue.

— Alors, monsieur le directeur, je vais me changer...

— C'est cela... Moi, je cours à la gare attendre ma parente, après quoi je vous mettrai en liberté. Vous n'êtes pas pressé?

Blaireau cligna de l'œil d'un air suprêmement malin :

— Je suis pressé, dit-il, mais pas encore tant que vous, monsieur Bluette. J'attendrai bien que vous soyez revenu avec votre... cousine.

— Qu'est-ce à dire, Blaireau ?

— Rien, monsieur le directeur... Si c'est par le train de huit heures qu'elle arrive, votre petite dame, vous n'avez que le temps.

— J'y cours.

XIII

Dans lequel la prison de Montpaillard apparaîtra comme un établissement encore moins austère qu'on n'aurait pu s'y attendre.

Comme l'avait dit Blaireau, il n'était que temps. Le train stoppait.

Une jolie petite jeune femme, ébouriffée, drolichonne, à peine éveillée sautait sur le quai, puis apercevant Bluette, prenait un air cérémonieux et tout haut :

— Bonjour, monsieur le directeur, s'inclinait-elle.

Puis, tout bas :

— Bonjour, mon vieux loup chéri. Je suis bien contente de te revoir, tu sais, bien contente !

— Et moi donc ! murmurait, sur le ton de la sincérité, notre jeune et sympathique fonctionnaire.

— C'est loin, ta boîte ?

— Un quart d'heure à peine.

— Allons à pied, ça me dégourdira mes pauvres petites jambettes.

— Je n'ai pas besoin, n'est-ce pas, Alice, de te recommander, au moins dans la rue...

— Une tenue décente. Tiens, regarde si on ne dirait pas une vieille Anglaise.

Et Alice affecta un air de *respectability* de café-concert qui fit retourner les passants.

Heureusement qu'on était arrivé.

. . . .

. . . .

Ces deux lignes de points remplacent pudiquement les détails de l'installation de la gracieuse Alice dans la belle chambre bleue, installation à laquelle le galant M. Bluette tint à présider lui-même.

Il n'était pas loin de onze heures quand le couple descendit au cabinet directorial.

— Assieds-toi, ma petite Alice, et tiens-toi bien tranquille pendant que je vais vaquer à mes importantes fonctions.

— Vaque, mon ami, vaque.

— J'en ai pour un bon quart d'heure.

— C'est cela que tu appelles tes *importantes fonctions !* Il est vrai que pour toi, c'est encore très joli.. J'ai beaucoup de peine à me faire à cette idée que tu sois devenu directeur de quelque chose.

— C'est pourtant la hideuse vérité.

— Tu ne dois pas être bien sévère avec tes bonhommes.

— Sévère ? A quoi bon ?

— Ils sont méchants ?

— Pas le moins du monde. Ce sont d'excellentes natures.

— Tu me présenteras ?

— Si tu veux. Je puis me vanter d'avoir fait de la prison de Montpaillard une véritable prison de famille. Tout le monde y vit dans la concorde et la tranquillité.

— Tant mieux, mon loup.

— La vie y est seulement un peu monotone. Comme distraction, nous n'avons guère que l'entrée et la sortie d'un détenu de temps en temps. Justement, il y en a un qui finit sa peine aujourd'hui et que je vais mettre en liberté... Il ne faut pas que je l'oublie, même, comme cela m'est arrivé plusieurs fois.

— Qui est-ce?

— Un nommé Blaireau, habile braconnier, un fort aimable homme, du reste. Tu vas le voir.

— Il avait commis un crime ?

— Oh ! non, le pauvre garçon ! Un petit délit de rien du tout, une simple volée à un garde champêtre.

— On n'a donc pas le droit ?

— Si, mais il ne faut pas se laisser prendre.

A ce moment, un des gardiens de la prison vint apporter le courrier de M. le Directeur que celui-ci plaça négligeamment sur la table.

— Rien de neuf, à part ça ?

— Rien, M. le Directeur... Ah ! fit observer le gardien, est-ce que M. le Directeur se rappelle que c'est aujourd'hui que Blaireau doit être remis en liberté ?

— Oui... oui... je l'ai prévenu... D'ailleurs, vous allez me l'envoyer tout de suite. Je vais régler cette affaire là.

— Je vous envoie Blaireau, monsieur le Directeur, dit le gardien en sortant.

Bluette se retourna vers sa jeune amie.

—Sois assez gentille pour me laisser un instant, ma petite Alice. J'expédie mon homme et nous serons libre toute la journée.

XIV

Dans lequel Blaireau sent toute sa philosophie lui échapper.

— Toc ! toc ! toc !

— Entrez ! cria Bluette.

Et pendant que Blaireau faisait son apparition, ses longs bras ballant le long du corps, les doigts écartés et l'air tout souriant, M. le Directeur s'efforçait de prendre une attitude administrative. Il s'était assis à son bureau, agitait un coupe-papier, toussaillait.

— Approchez, Blaireau.

— Me voici, monsieur le Directeur, me voici.

Blaireau se tint debout devant Bluette, semblant l'interroger du regard, comme pour lui dire: « Ah! ça, suis-je libre? ou ne le suis-je pas? »

Bluette s'accouda sur sa table, et eut un regard bienveillant pour son pensionnaire. Puis, avec une certaine emphase, il commença:

— Blaireau, dit-il, vous allez être libre dans un quart d'heure. Le temps de signer ce papier et toutes les portes s'ouvriront devant vous. Vous avez été condamné à trois mois de détention, vous avez fait trois mois et un jour, vous avez donc fini votre temps.

— Tiens! fit Blaireau, en levant le nez. J'ai fait un jour de plus?

— Mais oui, reprit tranquillement le Directeur.

— Pourquoi ?

— Vous me demandez pourquoi, Blaireau ?

— Dame !

Bluette réfléchit et ne trouvant pas d'explication qui lui parut plausible, il se contenta de répondre :

— C'est une vieille coutume administrative.

— Elle est drôle, votre vieille coutume administrative, dit Blaireau, en riant doucement... Bah ! ajouta-t-il avec philosophie. C'est peut être à cause des années bissextiles.

— Probablement, dit Bluette qui n'avait jamais lui-même cherché à se faire une opinion là-dessus.

Il tendit un registre vers Blaireau :

— Signez là... et là...

Blaireau prit gauchement la plume et se

mit à tracer son nom avec lenteur, non toutefois sans une certaine méfiance.

De temps en temps, il regardait Bluette comme pour s'assurer que celui-ci ne lui tendait pas un piège. Mais M. le Directeur avait sa meilleure figure et le regard plein de sympathie.

— Eh! eh! Blaireau, savez-vous que vous avez une belle écriture?

— Vous êtes trop bon, M. le Directeur.

Et il écrasa un superbe paraphe sur la page blanche.

— Là! ça y est, je suis libre.

Bluette alors, se leva, s'avança vers le braconnier et lui tendit amicalement la main. Blaireau allongea la sienne, très touché.

— Au revoir, mon ami, et donnez-moi de vos nouvelles..... de loin en loin.

— Pour sûr ! s'écria Blaireau... Je n'oublierai pas vos bontés, monsieur le Directeur, et si vous aimez le gibier..?

— Je l'aime beaucoup.

— Eh bien ! on vous en enverra un de ces jours qui ne vous coûtera pas cher.

Et Blaireau ajouta, en manière de réflexion :
« Ni à moi, non plus d'ailleurs. »

— Vous allez donc continuer le braconnage ? dit Bluette avec un léger accent de reproche.

— Dame ! tout le monde ne peut pas être fonctionnaire, monsieur le Directeur.

— Evidemment, mon ami, évidemment. Exercez donc ce métier, puisque c'est le vôtre, mais exercez-le avec modération.

— Je vous le promets.

— Sans violences ?

— Je suis très doux.

— Et tâchez de concilier les exigences de

cette profession avec le respect qu'un bon citoyen doit à l'autorité.

— Je ferai de mon mieux.

— Donc, Blaireau, à partir d'aujourd'hui, plus de coups au garde champêtre?

— Il y tient, ne le contrarions pas » pensa Blaireau. Et il ajouta, conciliant:

— Je m'y engage, monsieur le Directeur, mais ce sera pour vous faire plaisir. Au revoir monsieur Bluette.

— Au revoir, Blaireau.

Pendant cette petite conversation, Bluette avait machinalement commencé à décacheter son courrier, et son attention avait été attirée d'abord par une lettre portant le timbre du parquet.

Il en déchiffrait les premières lignes juste au moment où Blaireau, après l'avoir plusieurs fois respectueusement salué mettait la main sur le bouton de la porte et s'apprêtait à sortir.

— Ah! mon Dieu! s'écria tout-à-coup M. le Directeur.

— Qu'y a-t-il donc? murmura Blaireau, en se retournant.

— Par exemple! Ça, c'est fantastique! continua Bluette en se penchant sur la lettre comme pour la lire plus attentivement.

— Je m'en vas, monsieur le Directeur, je m'en vas, dit Blaireau en s'éloignant avec discrétion.

Bluette leva les yeux.

— Mais non, sapristi! ne partez pas.

— Que je ne parte pas?

— J'ai à vous parler... Avancez...

Et tandis que Blaireau traversait le bureau directorial de son pas traînard, Bluette lisait et relisait:

« Le véritable coupable a fait des aveux

complets et s'est mis à la disposition de la justice. »

Il passa la main sur son front et regarda Blaireau. Ainsi, Blaireau ne le trompait pas, quand il soutenait qu'il était innocent! Ainsi, on était en présence d'une erreur judiciaire! Oui, c'était fantastique! tout à fait fantastique. Ça lui ferait un souvenir pour ses vieux jours, un chapitre intéressant de ses futurs mémoires de Directeur de prison. « Quand je vais raconter ça à Alice, songea Bluette, elle sera joliment contente. »

Une erreur judiciaire, voici qui est bon pour rompre la monotonie d'une carrière administrative!

Blaireau, arrivé devant la table, attendit en silence, respectant les réflexions auxquelles se livrait visiblement Bluette.

Alors, celui-ci, fixant le braconnier d'un regard profond, lui demanda :

— Qu'est-ce que vous répondriez, Blaireau, si je vous apprenais que vous êtes innocent ?

Notre homme eut un haut-le-corps.

— Moi !

— Oui, vous...

Blaireau se remit rapidement et répliqua :

— Mais, monsieur le Directeur, je vous répondrais que je le savais.

— Vous êtes innocent, Blaireau ; vous aviez raison, absolument raison...

Et Bluette, qui n'en revenait pas, répétait les termes de la lettre officielle :

« Aveux complets. L'innocence du nommé Blaireau est reconnue. Après les formalités indispensables, on le mettra en liberté le plus tôt possible. »

— Pardi ! fit Blaireau. J'en étais bien sûr que j'étais innocent, mais ça fait plaisir tout de même. Il me semble que j'en suis encore plus sûr. Et, ajouta-t-il, le vrai coupable, sans indiscrétion, qui est-ce ?

— C'est un professeur, il paraît.

— Un professeur ! s'écria Blaireau en levant les bras... Ah ! bien si les professeurs s'y mettent, maintenant !

— Un nommé Fléchard (Jules). Il ne faut pas lui en vouloir, Blaireau.

— Je ne lui en veux pas... mais il aurait pu se dénoncer plutôt. Juste au moment où j'ai fini... ! Ce n'était pas la peine, pour ainsi dire.

— Beaucoup, à sa place, remarqua judicieusement Bluette, ne se seraient pas dénoncé du tout.

— Enfin ! murmura Blaireau.

M. le Directeur continua :

— Quoi qu'il en soit, mon ami, je suis très heureux pour vous de la façon dont cette affaire se termine.

Il tendit encore une fois la main à Blaireau, puis froissant la lettre :

— Le parquet va se hâter. De mon côté, je n'épargnerai aucune démarche et vous serez remis en liberté le plus tôt possible.

— Vous dites ?

Bluette appuya :

— Le plus tôt possible, je vous le promets.

Blaireau eut un gros rire bon enfant' qui lui secoua les épaules :

— Mais, monsieur le Directeur, vous oubliez quelque chose ?

— Et quoi donc, mon cher Blaireau.

— Vous oubliez que vous venez de me mettre en liberté et que je vas sortir tout de suite.

— Non, pas tout de suite, répliqua froidement Bluette.

— Hein ?

— Oui, continua le Directeur en reprenant l'air bonhomme qui lui était habituel. La lettre du parquet dit « le plus tôt possible ».

— Eh bien ?

— Eh bien ! je ne peux pas prendre sur moi de vous relâcher immédiatement.

Blaireau faisait de grands efforts pour comprendre.

— Mais puisque j'ai fini mon temps !

M. le Directeur ne parut pas touché de cet argument si raisonnable pourtant au premier abord. Il sourit avec indulgence !

— Vous avez fini votre temps comme coupable, mon cher Blaireau. Mais aujourd'hui, on m'apprend tout à coup que vous êtes innocent. La solution est donc modifiée et nous nous trouvons en présence de nouvelles formalités à remplir.

Les yeux de Blaireau commençaient à s'écarquiller furieusement.

— Alors, si je voulais sortir maintenant, je ne pourrais pas?

— Non, mon ami.

— Vous m'en empêcheriez?

— Sans violence, mon cher Blaireau, mais enfin je vous en empêcherais tout de même.

— Et tout à l'heure, pourtant, j'étais libre?

— Vous l'étiez, Blaireau.

— Et je ne le suis plus?

— Ou du moins pas immédiatement.

Blaireau éclata:

— Alors, comme ça, nom d'un chien, c'est parce que je suis innocent qu'il faut que je reste en prison un peu plus?

— Ce n'est pas la seule raison, reprit ironiquement M. le Directeur.

Oubliant son respect coutumier, Blaireau se mit à arpenter le cabinet en hochant la tête et en poussant des exclamations de colère.

— C'est trop fort! c'est trop fort!... Non...

— Hé! calmez-vous, mon ami, dit Bluette en lui mettant amicalement la main sur l'épaule. Tout n'est pas perdu...

— Il ne manquerait plus que ça.

— Je me rendrai tout à l'heure chez le procureur de la République, je lui expliquerai votre situation et un de ces jours, j'espère...

— Un de ces jours! hurla Blaireau.

— Demain peut-être...

— Oh!

— Et même, qui sait... ce soir, à la rigueur.

Blaireau tomba sur une chaise, non sans une nuance de découragement.

— Vous m'avouerez, M. Bluette, que celle-là...!

— Que diable! mon cher Blaireau, ayez de la patience. La loi est la loi. Pour être emprisonné, il n'est pas absolument nécessaire d'être coupable, mais, d'un autre côté, pour être mis en liberté, il ne suffit pas toujours d'être innocent !

— Ce n'est pas que je regrette, au moins, remarqua poliment Blaireau, de rester quelques heures de plus chez vous...

— Vous êtes trop aimable, Blaireau.

— Mais quelle drôle d'idée, il a eu de se dénoncer, ce professeur !

— En effet.

— Ça allait si bien !

— Enfin, mon ami, rassurez-vous. On finira par vous remettre en liberté tout de même.

— Non, mais je l'espère bien, par exemple !

Ils se mirent à rire tous les deux, de concert, et sans aucun souci de la distance sociale qui les séparait.

Blaireau eut tout à coup une idée pratique :

— Est-ce que je ne pourrais point demander une petite indemnité ?

— Je ne vous le conseille pas, répondit Bluette.

Un quidam entra.

— Quelqu'un qui demande à parler tout de suite à M. le Directeur, voici sa carte.

Bluette lut : « André Guilloche, avocat. (*Pour l'affaire Blaireau*).

— Hé ! Hé ! dit Bluette, voici un avocat qui a affaire à vous, Blaireau.

Celui-ci se méfiait instinctivement.

« Qu'est-ce que c'était encore que celui-là ? Un avocat pour l'affaire Blaireau ! Ce n'était donc pas fini l'affaire Blaireau ! Comment ! condamné à trois mois de prison, pour un délit qu'il n'avait pas commis, aujourd'hui, il allait sortir, sa prison accomplie jusqu'au bout. Et voilà qu'on le gardait en prison !

Et voilà qu'un avocat voulait lui parler !
Qu'est-ce qui allait encore lui arriver... »

— Ah ! malheur de malheur ! s'écria-t-il. C'est ça qu'ils appellent la justice.

XV

Dans lequel Blaireau voit poindre l'aurore — juste retour des choses d'ici-bas — d'une situation glorieuse pour lui.

M⁰ Guilloche, une grosse serviette sous le bras, entrait en coup de vent, tout heureux de la tournure que prenaient les choses.

— Mon cher Bluette, vous savez ce qui m'amène ; je viens vous prier de me mettre en rapport, si toutefois les règlements intérieurs de la prison vous y autorisent, avec la malheureuse victime de cette sombre affaire.

Bluette éclata de rire.

— La malheureuse victime de cette sombre affaire, la voilà.

En entendant les paroles de l'avocat, Blaireau fut rassuré. Il n'était pas venu évidemment pour lui créer des ennuis, cet avocat, puisqu'il le plaignait, puisqu'il le traitait de malheureuse victime. Hé ! Hé ! mais c'était peut-être une aubaine, au contraire qui lui venait là... Il y avait peut-être un parti à tirer de la situation. En tous cas, il ne risquait rien d'exagérer les choses.

Aussi, prit-il l'air le plus minable qu'il put pour répondre à M° Guilloche :

— Oui, monsieur l'avocat, c'est moi la pauvre malheureuse victime.

Et il ajouta en poussant un gros soupir :

— Ah ! j'ai bien souffert, allez !

— Je m'en doute, mon pauvre ami, mais vos tourments vont prendre fin.

— Ça n'est pas trop tôt.

— Je viens de passer au parquet, j'ai obtenu communication de votre dossier, j'ai remué ciel et terre...

— Oh ! merci, monsieur l'avocat ! merci !

— Vous serez mis en liberté aujourd'hui même... Ah ! ils n'avaient pas l'air content au Parquet !

— Ils faisaient une tête, hein !

— Une vraie tête !... L'aventure va faire un bruit énorme. Avez-vous lu mon article du *Réveil de Nord-et-Loir*?

— Non, monsieur l'avocat, à la prison nous ne lisons que le *Petit Journal*.

— Je vous en ai apporté un numéro, prenez-en connaissance...

Blaireau se saisit de la gazette et lut d'abord ces mots, imprimés en lettres immenses :

UN SCANDALE A MONTPAILLARD

L'AFFAIRE BLAIREAU

GRAVE ERREUR JUDICIAIRE

— Je n'y pensais pas tout d'abord, murmura-t-il, mais c'est vrai, c'est une erreur judiciaire. Je suis victime d'une erreur judiciaire !

Et il se répétait à lui-même, avec l'orgueil que donne toute notoriété naissante :

— *L'affaire Blaireau* ! *L'affaire Blaireau* ! Voilà que j'ai donné mon nom à une affaire, maintenant !

— Lisez, mon ami.

Blaireau lut :

« Le malheureux, qu'une des plus graves erreurs judiciaires commises par la magistrature dans ce dernier quart de siècle a laissé pendant des années dans la prison de Montpaillard... »

— Oh ! des années ! protesta doucement Bluette, c'est un peu exagéré.

— Nous rectifierons dans un de nos prochains numéros.

— Le temps ne fait rien à la chose, affirma Blaireau. Je continue :

« ..... Pendant des années dans la prison de Montpaillard, l'infortuné Blaireau sera vengé par l'opinion publique. Quant à nous, nous ne l'abandonnerons pas !

« Signé : La Rédaction. »

Blaireau se rengorgeait de plus en plus :

— Monsieur l'avocat, je vous prie de re-remercier *la Rédaction* pour moi et de lui dire qu'elle n'aura pas affaire à un ingrat. Si jamais elle a besoin d'un beau lièvre, ou d'une jolie truite...

— Merci pour elle, Blaireau.

— Oui, pour un article de journal, voilà ce que j'appelle un article de journal ! Je voudrais bien pouvoir en écrire comme ça !

— Vous faites mieux que de les écrire, mon cher camarade, vous les inspirez !

Et il lui serra la main d'une chaleureuse étreinte.

— Mais ce n'est pas tout, Blaireau.

— Qu'est-ce qu'il y a encore ?

— Réfléchissez bien. Pénétrez-vous de cette idée que vous n'êtes plus le simple et banal Blaireau d'autrefois.

— Je m'en pénètre bien, monsieur l'avocat ; mais, en quoi que je ne suis plus le simple et banal Blaireau d'autrefois?

— En ceci que tout le monde aujourd'hui a les regards fixés sur vous.

— Diable !

— Votre nom n'est plus seulement votre nom à vous, il est devenu celui d'un scandale public.

— C'est parfaitement vrai.

— Et vous voilà tout naturellement désigné pour être le porte-drapeau des persécutés.

— Je le serai !

— N'oubliez pas que cette situation vous crée des devoirs auxquels vous ne sauriez vous soustraire.

— Rassurez-vous, monsieur l'avocat. Si vous me connaissiez mieux, vous sauriez que je ne suis pas un homme à me soustraire à aucun devoir. Le porte-drapeau des persécutés, oui, je le serai ! oui, répéta-t-il avec force.

— Bravo, Blaireau ! Dans votre poitrine bat le cœur des citoyens antiques !

— Hein ! qui est-ce qui aurait dit ça, l'année dernière, que je deviendrais porte-drapeau !

— Pour commencer, mon vieux camarade vous dînez, ce soir, avec toute la rédaction du *Réveil*.

— J'accepte.

Ici, le directeur crut devoir placer une timide observation :

— Mon cher maître, je ne sais pas jusqu'à quel point les règlements intérieurs de la prison m'autorisent à laisser inviter mes détenus à dîner en ville. Mais étant données les circonstances particulières...

— Oh ! oui, s'écria amèrement Blaireau, *particulières* on peut le dire qu'elles sont particulières, les circonstances !

— Tout à l'heure, donc, mon cher Blaireau, je vais revenir vous chercher, et bientôt, quand s'ouvrira la période électorale, c'est vous qui serez le président d'honneur de toutes nos réunions,

— Président d'honneur ! je veux bien, mais est-ce que je saurai ?

— Rien n'est plus facile. Je vous apprendrai.

— Je présiderai avec mon drapeau ?

— Quel drapeau ?

— Le drapeau des persécutés, donc !

— Ah ! ah ! ah ! ah ! ah ! Le drapeau des persécutés, cher ami, n'existe pas à proprement dire. C'est une figure... une façon de parler.

— Ça ne fait rien, je me tiendrai comme si j'en avais un.

— C'est cela !... A propos, vous allez probablement recevoir la visite de M. Dubenoît, le maire. Il va chercher à vous entortiller... méfiez-vous. Justement, le voici !

XVI

Dans lequel se renouvelle le conflit entre M° André Guilloche, avocat au barreau de Montpaillard, et M. Dubenoît, maire de ladite commune.

M. Dubenoît, en effet, s'approchait, et sur sa physionomie on pouvait lire à la fois l'inquiétude, le mécontentement et divers autres sentiments désagréables.

— Bonjour, mon cher Bluette ! Ah ! voilà le redoutable Blaireau, le héros du jour ! C'est précisément avec lui que je désirerais causer ; mais il est en grande conversation, je vois, avec notre jeune révolutionnaire.

— Blaireau, dit Guilloche, a bien voulu me choisir comme avocat.

— Dites plutôt que c'est vous qui l'avez choisi comme client.

— C'est la même chose, concilia Blaireau.

— J'ai lu votre article de ce matin, mon cher Guilloche. Il est charmant... et d'une bonne foi !

— Alors vous vous imaginiez, monsieur le maire, que cela allait se passer comme ça ! qu'on pourrait emprisonner un innocent pendant des années...

— Trois mois, s'il vous plaît.

— ... Et que l'opinion publique ne protesterait pas !

— L'opinion publique se fiche pas mal de Blaireau.

— On a renversé des gouvernements pour moins que cela, monsieur le maire !

— Ces temps-là sont passés, monsieur l'avocat !

— Peut-être pas tant que vous le croyez... Me ferez-vous l'honneur, monsieur Dubenoît d'assister à la conférence que je fais demain à la *Brasserie de l'Avenir* ?

— Sur quel sujet ?

— L'Erreur judiciaire en France depuis le chêne de saint Louis jusqu'à nos jours.

— Je ne vous promets pas d'y assister en personne, mais dans tous les cas, j'y enverrai un garçon de la mairie.

— Trop aimable. Et il songea. Il rage, M. le maire ! Au revoir, messieurs ! A tout à l'heure, Blaireau, et souvenez-vous de vos engagements !

— Soyez tranquille, monsieur l'avocat, je suis un homme tout d'une pièce, comme on dit.

XVII

Dans lequel on verra que l'amour trop exclusif de l'ordre peut pousser un fonctionnaire public jusqu'à l'iniquité formelle.

— A nous deux, Blaireau.

— Je vous écoute, monsieur le maire.

— Alors, grand nigaud, vous allez vous laisser accaparer par des intrigants qui vont se servir de vous pour embêter l'autorité, la magistrature, pour troubler l'ordre et qui, après ce beau gâchis, vous lâcheront et se moqueront de vous !

— Pourquoi se moqueraient-ils de moi ?

— Parce qu'ils n'auront plus besoin de vous, parbleu ! C'est clair !... Écoutez, Blaireau, il s'agit d'examiner froidement votre situation.

— Elle n'est pas gaie, ma situation, mon pauvre monsieur.

— Pas gaie ? Je ne suppose pas que vous allez vous plaindre du régime de notre prison, hein ? La prison de Montpaillard est bien connue pour être la meilleure du département, et vous ne tomberez pas toujours sur des directeurs comme M. Bluette.

— Je compte même ne plus jamais tomber sur aucun directeur.

— On ne sait jamais.

— Et puis, M. Bluette est bien gentil ; mais, enfin, une prison est toujours une prison.

— Quand vous irez dans une autre, vous apprécierez la différence.

— Décidément, vous y tenez, à ce que je retourne en prison ?

— Ne causons plus de cela. Jetons un voile sur le passé. Comment allez-vous gagner votre vie, maintenant ?

— Je ne serai pas embarrassé.

— Vraiment ? Et que comptez-vous faire ?

— Je travaillerai.

— A quoi !

— Comme avant... Je... bricolerai.

— Vous bricolerez ? Je sais ce que cela veut dire, mais on aura l'œil sur vous, mon garçon, et plus que jamais. Du travail régulier, pensez-vous en trouver facilement ?

— Pourquoi pas ?

— Voilà où vous vous trompez, mon pauvre ami. Les gens sauront que vous avez fait trois mois de prison. Ils n'aiment pas beaucoup cela, les gens !

— Mais, nom d'un chien, ils sauront bien que je suis innocent, les gens !

— Je le sais, Blaireau, et je ne parle pas de moi qui suis au-dessus des préjugés. Je recevrais parfaitement, moi qui vous parle, un innocent à ma table, mais vous ne rencontrerez pas les mêmes indulgences chez tout le monde, n'est-il pas vrai, Bluette ?

— Hélas, oui !

— Il faut tenir compte de l'opinion publique.

— L'opinion publique ? s'écria Blaireau, elle est pour moi, l'opinion publique. Tenez, voyez ce journal !

— Ah ! vous lisez ces inepties !

— *Un scandale à Montpaillard !*

— Il n'y a pas de scandale à Montpaillard, et il n'y en aura pas, je le leur montrerai bien !

— Et l'*Affaire Blaireau,* monsieur le maire, qu'est-ce que vous en faites?

— Il n'y a pas d'affaire Blaireau! Ah çà! supposez-vous, mon pauvre garçon, parce que le *Réveil de Nord-et-Cher* a imprimé votre nom en grosses lettres, que vous êtes devenu un personnage plus considérable qu'il y a trois mois, avant votre condamnation?

— J'en suis même sûr!

— Vous vous trompez, mon cher Blaireau. Avant votre condamnation, vous n'étiez pas coupable... Aujourd'hui, vous êtes innocent. C'est exactement la même chose, et votre situation n'a pas changé d'une ligne.

— Je ne trouve pas, moi, et puis, j'ai fait trois mois de prison dans l'intervalle. Il ne faut pas oublier ce léger détail...

— Voyons, nous sommes entre nous, n'est-ce pas? N'essayez pas de faire votre malin avec moi. Vous avez fait trois mois de prison, c'est vrai ; mais si on les additionnait tous les mois de prison que vous avez mérités rien que pour vos délits de braconnage, ce n'est pas trois mois de prison auxquels vous auriez droit mon cher, mais au moins à dix ans. Estimez-vous donc encore bien heureux et n'en parlons plus !

— Je suis innocent, je ne sors pas de là !

— Ma parole d'honneur, on dirait qu'il n'y a que vous d'innocent dans la commune ! Voulez-vous que je vous dise. Blaireau ? Vous êtes un mauvais esprit, un homme de désordre, voilà ce que vous êtes !

— Ça n'empêche pas que je sois innocent.

— Ecoutez, Blaireau, je vais vous donner un dernier conseil, un conseil d'ami. Quittez le pays. Allez-vous-en à une certaine distance à la campagne, dans une place que je me charge de vous procurer. Là, à force de travail et de bonne conduite, vous arriverez peut-être un jour à vous réhabiliter.

— Comment, me réhabiliter ? Moi, un innocent ?

— Est-ce convenu ?

— Jamais de la vie ! Un innocent n'a pas à se réhabiliter !

— Si vous ne suivez pas mon conseil, Blaireau, je ne réponds pas de ce qui arrivera.

— Qu'est-ce qui arrivera ?

— Vous le verrez bien, et peut-être alors il sera trop tard, entêté !

— Diable, diable, me voilà bien embarrassé.

Blaireau se mit à gratter son pauvre crâne perplexe. Un gardien annonça la présence d'un monsieur qui souhaitait obtenir de M. le directeur l'autorisation de visiter M. Blaireau.

Ce monsieur n'était autre que notre vieille

connaissance, le baron de Hautpertuis, qui venait voir la malheureuse victime et s'entendre avec elle sur les détails de la fête en son honneur et à son profit.

— Un baron, fit Blaireau, mazette!

— Faites entrer ce monsieur, commanda le directeur.

— Est-ce qu'il n'aurait pas renoncé à cette idée saugrenue? grommelait Dubenoît. Car ce n'est pas assez des révolutionnaires, il faut que les nobles s'en mêlent maintenant, de troubler l'ordre. Quelle époque, mon Dieu, quelle époque!

En tenue élégante, mais sobre, sans fleur à la boutonnière (on ne doit pas porter de fleurs dans les visites aux détenus), M. le baron de Hautpertuis se présenta et salua d'un style aisé mais sévère, ainsi que le comportaient les circonstances.

XVIII

Dans lequel, de glorieuse qu'elle était déjà la situation de Blaireau s'annonce, ce qui ne gâte rien, comme des plus rémunératrices.

En quelques mots, Blaireau fut au courant des choses.

De concert avec la plus brillante jeunesse de Montpaillard, M. le baron de Hautpertuis préparait une splendide fête au bénéfice de l'infortuné Blaireau, une fête qui serait l'événement de la saison.

— Une fête pour moi !

— Oui, une fête pour vous, mon cher monsieur... comment déjà ?

— Blaireau... je m'appelle Blaireau. Vous savez bien : l'*Affaire Blaireau !*

— Parfaitement, je me souviens. Oui, monsieur Blaireau, nous sommes en train de vous organiser quelque chose de soigné, une splendide fête dont vous serez le héros !

— Le héros ! je serai le héros !

Blaireau se redressait : il y a un quart d'heure, il était promu porte-drapeau des persécutés et voici qu'il devenait héros, maintenant ! Héros d'une fête organisée par un baron !

Allons, les choses prenaient une bonne tournure !

Après la gloire, l'argent !

M. Dubenoît, lui, s'attristait de plus en

plus, en voyant l'ordre à Montpaillard décidément compromis.

Il fit une dernière tentative :

— Ne croyez-vous pas, monsieur le baron, qu'une bonne place de jardinier ne serait pas préférable pour ce garçon-là ?

Blaireau eut une grimace :

— Euh ! Une bonne place de jardinier. Elles sont bien rares, vous savez, les bonnes places de jardinier.

— Et puis, ajouta le baron, il sera toujours temps de lui chercher une place après la fête, quand ce malheureux aura touché le produit de cette belle manifestation de la charité publique.

Blaireau ouvrait des yeux énormes et des oreilles non moindres :

— Alors c'est moi qui toucherai, monsieur le baron ? Je toucherai... tout ?

— Oui, mon ami, vous toucherez tout,

moins les frais insignifiants et quelques menues dépenses de la fête.

— Bien entendu... Et à combien croyez-vous que ça puisse se monter, la recette, à peu près ?

— Oui, ricana M. le maire, à combien croyez-vous que ça puisse se monter ?

— Dame... je ne sais pas trop, moi.

Eh bien ! mon cher baron, permettez-moi de vous dire qu'une fête dans le genre de celle-là ne rapporterait pas vingt francs, à Montpaillard.

— Vingt francs ? Vous badinez !

— C'est que Montpaillard n'est pas une ville riche, monsieur le baron.

— Vous disiez hier qu'il n'y avait pas de pauvres dans votre commune ?

— Il n'y a pas de pauvres, c'est vrai, mais il n'y a pas de riches non plus. Montpaillard, monsieur le baron, est composé de gens aisés (*S'animant*), tranquilles ! (*Se promenant avec agitation*), paisibles ! (*Faisant des gestes*). Des gens qui repousseront avec la dernière violence les innovations parisiennes dont la capitale cherche à empoisonner la province, soit dit sans vous offenser, monsieur le baron !

— Je ne m'offense pas, monsieur le maire, je m'étonne simplement.

— Tenez, je vous parie cinq cents francs que votre fête n'en rapportera pas deux cents.

— Je les tiens. Voilà vingt-cinq louis de plus dans la caisse de Blaireau. Blaireau, vous pouvez remercier M. Dubenoît.

— C'est la première fois, dit Blaireau, que M. le maire est tant soit peu gentil pour moi. Merci bien, monsieur le maire !

— Il n'y a pas de quoi, mon garçon, vous le verrez bientôt, car cette fameuse fête sera une immense veste.

M. de Hautpertuis fut piqué au vif.

— Mon cher monsieur Dubenoît, j'ai organisé dans ma vie soixante et onze fêtes de charité à la suite de catastrophes diverses. J'ai sauvé de la misère des Péruviens, des Turcs, des Portugais, des Chinois, des Moldo-Valaques, des Egyptiens... Il serait plaisant que je ne réussisse pas, la première fois que j'organise une fête au bénéfice d'un compatriote.

— Si vous connaissiez Montpaillard, vous ne parleriez pas ainsi.

— Je réponds de tout !

— Nous en recauserons... Messieurs, je vous quitte, on m'attend à la mairie.

Il était temps que M. Dubenoît sortît, il allait éclater.

XIX

Dans lequel un bout de conversation entre le baron de Hautpertuis et le sympathique M. Bluette nous fixera sur les antécédents de ce dernier.

— Votre prison, monsieur le directeur, est beaucoup plus gaie que je me le figurais. Une vue superbe, un beau jardin... Il y a longtemps que vous êtes ici ?

— Trois mois, exactement trois mois. J'y suis entré le même jour que cet excellent

Blaireau. C'est pourquoi j'éprouve tant de sympathie pour lui.

— Je comprends cela. Et avant d'être à Montpaillard...

— J'ai commencé ma carrière par cet établissement. Auparavant, j'habitais Paris. Ah! si on m'avait dit, il y a seulement trois ans, que je deviendrais directeur de prison, j'aurais bien ri.

— Vous vous destiniez, sans doute, à d'autres fonctions ?

— Je ne me destinais à rien... je m'amusais. Ma foi, je ne regrette rien, car, vraiment, je me suis bien amusé.

— Tout est là ! Les femmes, sans doute ?...

— Les femmes, oui, surtout une !

— A la bonne heure !

— Oui, c'est à une femme que je dois mon entrée dans la carrière administrative. Elle s'appelait Alice. Nous nous adorions... Tel que vous me voyez, baron, j'étais un simple rentier. Alice eut bientôt fait cesser cette situation anormale. Elle jetait l'argent par les fenêtres et moi je le regardais tomber.....

— C'était très gai. Ruiné par les femmes ! Permettez-moi de vous serrer la main.

— Pas par les femmes, par une femme.

— Ce n'en est que plus flatteur.

— Alors, complètement décavé, je sollicitai une place du gouvernement. A cette époque, j'étais cousin du ministre...

— Vous n'êtes plus son cousin ?

— C'est lui qui n'est plus ministre. Il eut juste le temps de me nommer à Montpaillard. Heureusement, car mes moyens ne me permettaient plus que d'être prisonnier moi-même, ou directeur de prison. Je n'hésitai pas une minute.

— Je n'ai pas de peine à le croire.

— Et Mlle Alice ?

— Alice, de son côté, fit connaissance d'un monsieur âgé fort riche ; mais la chère petite ne m'a pas oublié, j'en ai actuellement la preuve.

— Tous mes compliments, mon cher Bluette ! Je ne m'attendais pas à trouver chez un directeur de prison un aussi charmant homme, et je suis enchanté d'avoir fait votre connaissance.

— Tout l'honneur est pour moi. Me ferez-vous le plaisir de visiter mon petit établissement ? Ah, dame ! ça n'est pas la prison de Fresnes !...

— Très volontiers, cher monsieur.

Les quelques mots échangés sur Alice avaient fait naître au cœur de Bluette le soudain remords de laisser la pauvre chérie en solitude aussi prolongée.

— Avant de commencer notre petite promenade, baron, je vous demanderai l'autorisation de m'occuper de quelques détails de service.

— Faites, mon cher directeur, faites. L'administration avant tout !

Et Bluette courut retrouver Alice, qu'il embrassa de tout son cœur et même à plusieurs reprises, croyons-nous pouvoir affirmer.

XX

Dans lequel Blaireau revêt la malsaine livrée de la popularité.

M. Bluette n'avait pas plutôt les talons tournés que M⁰ Guilloche faisait une nouvelle et brusque irruption.

— Bonjour, baron. Vous allez bien !

— Fort bien et vous aussi, n'est-ce pas, car, si j'en juge par le volume de votre serviette, les affaires de la chicane doivent être des plus prospères.

Le fait est que la serviette que portait Mᵉ Guilloche sous son bras semblait bondée à éclater.

— Dites-moi, baron, Bluette est-il absent pour longtemps.

— Pour peu d'instants, je crois. Il s'occupe de donner quelques ordres, m'a-t-il dit.

— Alors, pas de temps à perdre ; Blaireau, je vous apporte des habits.

— Des beaux habits ?

— Des habits magnifiques.

— Ah ! tant mieux ! Il n'y a rien que j'aime tant comme les beaux habits ! Si j'avais eu de la fortune, il n'y aurait jamais eu dans le pays, personne d'aussi bien habillé que moi !

— Tenez, les voici, vos habits !

Guilloche extirpait de sa serviette un costume complet, dont la vue fit immédiatement pousser des cris d'horreur à M. de

Hautpertuis et des clameurs d'indignation à Blaireau.

Un costume à décourager tout à la fois le crayon de Callot et la palette de Goya !

Des hardes sans forme, des guenilles sans couleur définissable, avec des trous, des accrocs, toute une hideuse et terne polychromie de raccommodages et de pièces.

D'abord suffoqué presque jusqu'à l'asphyxie, Blaireau, maintenant, croyait à une farce, à une excellente farce de son avocat.

— Vous en avez de bonnes, monsieur Guilloche !

— Allons, Blaireau, vite ! Nous n'avons pas de temps à perdre !

— Que je me mette ça sur le dos ?

— Evidemment !

Alors, c'était sérieux ! Blaireau ne comprenait plus :

— Vous vous moquez de moi, pas vrai ?

— Je ne me moque pas de vous, Blaireau. C'est bien le costume que vous allez mettre pour votre sortie de prison.

— Vous appelez ça un costume, vous ; eh bien, vous n'avez pas peur ! Jamais je ne me montrerai dans la rue avec des loques comme ça sur le dos ! Un innocent ! De quoi que j'aurais l'air, voyons !

— Mais si, mais si. Il y aura plus de cinq cents personnes à la porte de la prison attendant votre sortie... Vous ferez un certain effet, je vous le garantis.

— Je n'ai pas de peine à le croire avec cette défroque-là. Non, je ne veux pas !

— Mais vous ne comprenez donc pas, grand enfant que vous êtes, que plus vous serez ignoblement vêtu, plus la pitié publique ira vers vous ! Demandez plutôt à M. de Hautpertuis.

— C'est évident, appuya le baron.

— Alors, s'écria Blaireau, vous, monsieur le baron, vous consentiriez à vous habiller avec ça ?

— Dans les circonstances habituelles de la vie, mon ami, non ! Mais dans la situation actuelle, je n'hésiterais pas une seconde. Quand la foule vous apercevra, vous serez certainement acclamé !

— Et même porté en triomphe, appuya Guilloche. D'ailleurs, la manifestation est admirablement organisée. Ces messieurs du parti sont en train de répéter.

Cette assurance d'un triomphe prochain décida Blaireau.

— Allons, passez-moi vos fripes !

En un tour de main, il avait quitté ses propres vêtements et endossé les haillons sordides.

Un cri d'admiration échappa à Guilloche.

— Vrai, Blaireau, vous êtes superbe !

Le baron assura son monocle :

— Epatant, mon ami, très chic ! Au fameux bal des haillons que donna la duchesse, cet hiver, je ne me souviens pas avoir remarqué guenilles plus pittoresques.

— C'est égal, monsieur le baron, j'aimerais mieux un petit complet dans le genre du vôtre.

— Je vous donnerai l'adresse de mon tailleur.

— Quand j'aurai touché l'argent de la fête...

Un éclat de rire l'interrompit. C'était Bluette qui, tout à coup, apercevait cette mascarade :

— Qu'est-ce que c'est que ça ? Mon pauvre Blaireau, comme vous voilà fichu !

— C'est moi, expliqua Guilloche, qui me suis permis d'apporter quelques effets à mon client, il n'avait rien de convenable à se mettre. Alors...

— Je ne vous cacherai pas, mon cher maître, que les règlements intérieurs de la prison ne m'autorisent pas à laisser affubler mes détenus de la sorte, même au moment du carnaval.

— J'ai pensé que dans les circonstances présentes, je pouvais en quelque sorte...

Blaireau, maintenant, se trouve tout à fait *chic,* comme disait le baron, et l'idée de son prochain triomphe l'exalte au point de lui faire perdre sa réserve ordinaire.

Il est désormais dans la peau du bonhomme :

— Eh bien, il ne manquerait plus que ça, par exemple ! s'écrie-t-il. Après avoir souffert ce que j'ai souffert, je n'aurais plus le droit de m'habiller comme je veux ! Ça serait trop fort !

XXI

Dans lequel le baron de Hautpertuis fait tout ce qu'il faut pour justifier le mot de la fin.

Quand Bluette mit, provisoirement d'ailleurs, un dernier baiser sur la nuque d'Alice, en lui disant : « Je serai tout à toi dans quelques minutes, en ce moment mon bureau est plein de monde », il commit la grande faute de ne point préciser les noms et qualités des encombrants.

Il aurait, de la sorte, évité, non point un malheur, car l'aventure tourna mieux qu'on n'aurait pu l'espérer, mais une complication dangereuse.

Au nom du baron de Hautpertuis, Alice ou, si vous aimez mieux, Delphine de Serquigny eût bondi, comme dans les mélodrames :

— Cet homme, ici !

Le nom du baron n'avait jamais été prononcé entre Alice et Bluette. A quoi bon parler de ces choses-là ?

Et quand Bluette racontant au baron une partie de sa vie, citait sa mignonne Alice, M. de Hautpertuis était à cent lieues de croire que cette charmante femme constituait la même personne que sa bien-aimée Delphine, à lui.

Et voilà comme la vie ménage de ces surprises et de ces rencontres, beaucoup plus ingénieuses que celles qu'imaginent nos ténébreux dramaturges ou nos vaudevillistes les plus farces, comme dit le critique.

Restée seule, la joyeuse Alice s'ennuyait ferme, et comme l'oisiveté est mauvaise conseillère, notre jeune amie n'hésita pas à commettre un de ces actes que les censeurs les plus indulgents sont unanimes à traiter d'antiadministratifs.

Découvrant dans un magasin un lot de vêtements destinés aux détenus, elle en choisit un à sa mesure approximative et s'en affubla.

Autant pour se mettre à son aise (du coutil, c'est frais, l'été !) que pour causer une surprise à Bluette quand il la reverrait ainsi costumée.

Ajoutons que notre petite camarade était tout à fait gentille sous ce généralement hideux uniforme, tant il est vrai que la jeunesse et la grâce suffisent à embellir, non seulement tout ce qu'elles parent, mais encore tout ce dont elles se parent !

. . . .

Après avoir dignement savouré cette pensée délicate et bien originale, rentrons au vif de l'action.

Comme il fait très chaud, Alice n'a rien trouvé de mieux que de pénétrer dans le plus frais cachot de la prison et de s'y installer, et d'y lire les journaux de Paris que, précisément, le facteur vient d'apporter.

Elle est bien à son aise avec ce léger costume qu'elle ne craint point de salir ; ses cheveux sont défaits et roulés dans une calotte de toile.

On la prendrait ainsi pour un pauvre petit jeune homme coupable sans doute, mais si gentil que le tribunal aurait bien dû l'acquitter.

Quand on a cette frimousse-là et ces grands yeux expressifs, on ne doit pas être un bien redoutable malfaiteur ! Pauvre petit prisonnier !

Cependant, Bluette faisait au baron les honneurs de son établissement.

Ils avaient visité les cellules, les ateliers, le réfectoire.

— Par là, ce sont les cachots où l'on enferme les malfaiteurs dangereux, provisoirement confiés à ma garde, ou les mauvaises têtes. Ces cachots, depuis ma direction, ont toujours été vides. Si vous désirez y jeter un coup d'œil...

Et, ainsi que le lecteur s'y attend peut-être, ce fut précisément le cachot où résidait Alice, dont Bluette entr'ouvrit la porte.

Ici, une véritable scène de théâtre facile à se figurer.

Grâce à son excessive myopie, le baron

n'aperçut point les grimaces désespérées qu'Alice adressait à Bluette et dont ce dernier, par bonheur, devina la signification.

Pas de doute, l'ami, le seigneur et maître d'Alice, c'était lui, M. de Hautpertuis.

Epineuse, oh! combien, la situation! Bluette cherchait à emmener le baron, mais en vain, le baron venait d'affermir son monocle et murmurait :

— Voilà bien la plus étrange ressemblance que j'aie jamais constatée de ma vie !

Allons bon, ça y était! Il allait la reconnaître maintenant et que se passerait-il ensuite ? Comment expliquer... Bluette n'en menait pas large !

Alice, elle, n'avait pas perdu son sang-froid un seul instant.

— Quelle étrange ressemblance ! répétait le baron. Qu'est ce jeune homme, mon cher Bluette ?

— C'est un garçon qui vient d'être condamné pour vagabondage, un excellent sujet, à part ce détail.

— Avez-vous une famille, mon ami, des parents ?

Alice se souvint qu'elle avait joué la comédie, jadis.

Elle prit une attitude humble et donna à sa voix le timbre rocailleux des personnes de basse culture mondaine.

— Hélas! oui, mon bon monsieur, répondit-elle, j'ai une famille, une brave famille dont je fais le désespoir! Ma pauvre sœur, surtout...

— Ah ! vous avez une sœur, mon ami ? De quel âge ?

— Vingt-trois ans, monsieur.

— Ah ! mon Dieu !

— Qu'avez-vous, M. le baron, demanda Bluette.

« Juste l'âge de Delphine ! pensait Hautpertuis.

— Où habite-t-elle ? continua-t-il en s'adressant au jeune détenu.

— A Paris, monsieur. Je puis bien dire que je lui en ai causé du désagrément à ma pauvre sœur !

— Son nom !

— Delphine, monsieur.

— Mon pressentiment ne me trompait pas. Oh ! c'est affreux ! Mon cher monsieur Bluette, ce pauvre garçon est le frère de Delphine, le propre frère de mon amie.

— Etrange rencontre, baron ! Ah ! on ne pourra jamais soupçonner les drames qui se passent dans les prisons !

— Continuez, mon ami. Racontez-moi votre existence. Pourquoi êtes-vous ici ?

— M. le directeur vous l'a dit, monsieur, pour vagabondage. Toute ma vie, je n'ai fait que vagabonder. C'est plus fort que moi, il faut que je vagabonde. Ma sœur a beau m'envoyer de l'argent, je le dépense à mesure. Ah! je peux dire que je lui coûte cher à celle-là !

— Votre sœur vous envoie de l'argent!

— Pas à moi seulement, monsieur, mais à toute la famille, à deux ou trois frères que nous avons dans le Midi, à son vieil oncle infirme, à une tante malade...

— Elle s'y trouve, en ce moment, chez cette tante malade. Pauvre Delphine, quel cœur! Brave, brave fille !

— C'est la providence de la famille, monsieur. Sans elle, nous serions tous morts de faim depuis longtemps. Mais voilà, elle ne pourra peut-être pas toujours nous en envoyer, de l'argent, et alors...

M. de Hautpertuis eut un beau geste.

— Rassurez-vous, mon jeune ami, jamais

votre sœur ne manquera d'argent, je crois pouvoir vous l'affirmer !

— Vous la connaissez donc, monsieur ?

— J'ai cet honneur.

— Pauvre Delphine ! Sans nous, elle serai restée une honnête fille... Elle n'aurait pas été obligée de mal tourner.

— Mais, mon ami, ne croyez pas que votre sœur ait mal tourné, vous vous tromperiez beaucoup. Elle n'est pas positivement mariée, mais elle a un ami sincère, dévoué, riche, qui ne la laissera jamais manquer de rien, ni pour elle, ni pour sa famille.

— Elle le mérite bien.

— Quant à vous, mon jeune ami, prenez ceci en attendant.

Il lui glissa un billet de cent francs dans la main.

— Merci, monsieur, vous êtes trop bon.

— Par amitié pour moi, M. le directeur

voudra bien vous traiter avec indulgence, n'est-ce pas, monsieur Bluette ?

— Je le traiterai de mon mieux, répondit modestement le fonctionnaire.

— Au revoir, mon cher directeur. Ah, cette rencontre m'a serré le cœur !

— La vie est pleine d'étranges choses.

— Et vous, mon jeune ami, bon courage !

— Je ne me plains pas... M. le directeur est très bon pour moi.

Quand elle fut seule, Alice ne put s'empêcher de murmurer :

— Décidément, c'est un brave homme ; mais, quelle poire !

XXII

Dans lequel il se passe plusieurs événements dont aucun ne revêt un caractère de gravité exceptionnelle.

Bluette tint à reconduire lui-même le baron jusqu'à la grande porte qui donne sur la rue.

Ils se félicitaient mutuellement d'avoir fait leur charmante connaissance et prenaient congé, quand un monsieur entre deux âges, officier de la Légion d'honneur, se présenta, l'air aimable à la fois et légèrement ironique.

— M. Bluette, sans doute ?

— Lui-même, monsieur.

— Je suis M. Devois, inspecteur des prisons.

— Ah! parfaitement, monsieur. Enchanté...

— Je connaissais beaucoup votre prédécesseur... Croyez que je suis heureux de me trouver en contact avec vous.

— Moi de même, monsieur.

On m'a parlé de vous, en haut lieu, comme une homme des plus distingués et fort au-dessus de la fonction qu'il occupe.

— On a été trop flatteur pour moi, en haut lieu.

— Il paraît même que vous avez transformé votre prison en une sorte de petit éden, quelque chose comme une confortable pension de famille.

— Je fais de mon mieux.

— C'est dans ce cas que le mieux est l'ennemi du bien. Une prison, mon cher monsieur Bluette, n'est pas un casino.

— A qui le dites-vous ?

— Et, sans transgresser les lois de l'humanité, il faut user de rigueur avec messieurs les condamnés desquels le nombre augmenterait terriblement, si on les traitait partout comme dans la prison de Montpaillard, c'est-à-dire en passagers de première classe.

— Pauvres gens !

— A propos, qu'est-ce que c'est que cette histoire d'erreur judiciaire dont j'ai entendu parler ce matin à la sous-préfecture ?

— Elle est exacte, monsieur l'inspecteur. Un de mes détenus avait été condamné injustement. Le véritable coupable s'est dénoncé hier et a fait des aveux complets.

— C'est curieux...

— J'attends l'ordre du parquet pour mettre mon homme en liberté.

Et notre ami Bluette, que les ironies de l'inspecteur, au lieu de l'intimider, mettaient plutôt en verve, ajouta d'un ton faussement humble :

— Je me permettrai même de faire remarquer à M. l'inspecteur que, malgré certaines petites irrégularités que je suis le premier à déplorer, la prison de Montpaillard n'en renferme pas moins un innocent.

— Et je vous en félicite.

— Il y a beaucoup de prisons mieux tenues qui ne pourraient pas en dire autant.

— C'est une bonne note, en effet.

Tout en causant, ces messieurs, étaient arrivés devant le cachot dans lequel la jeune Alice, tout en lisant ses gazettes, fredonnait un petit air assez folâtre.

A cette minute, notre ami Bluette songeant à son avancement, se sentit envahi par les plus mornes pressentiments.

Il toussa avec une violence peu commune et un acharnement digne d'un meilleur sort.

Trop tard, hélas! L'inspecteur a poussé la porte du cachot.

— Allons, fait-il, on ne m'avait pas trompé en haut lieu, votre établissement, monsieur Bluette, est un établissement gai. Quel est ce jeune détenu, ce joli merle qui chante en cage?

Pour le coup, Bluette perd un peu le nord:

— Ce jeune détenu? C'est... comment déjà s'appelle-t-il?... Chose... Machin...

— C'est trop fort, vous avez quarante-trois malheureux prisonniers, et vous ne les connaissez pas?

— Si, monsieur l'inspecteur, je le connais mais je ne me rappelle plus son nom. Du reste, cela n'a aucune importance.

— Comment, ça n'a aucune importance?

— Aucune, puisque ce garçon est innocent. C'est l'innocent dont nous parlions tout à l'heure.

— Étrange prison, décidément! Vous avez un innocent et vous le mettez au cachot!... Il est vrai que le pauvre garçon n'a pas l'air de s'y ennuyer outre mesure. Sortez, mon ami, ce n'est point ici votre place.

Victor, le gardien, apporte une carte à Bluette :

— Ce monsieur insiste pour être reçu tout de suite.

— « *Jules Fléchard, professeur de gymnastique* » ; dites-lui de repasser plus tard.

— Pourquoi cela, fait l'inspecteur, allez

recevoir ce monsieur. Je continuerai seul ma tournée en vous attendant.

Bluette obéit, mais avec quelle inquiètude au cœur !

— Mon Dieu ! mon Dieu ! que va-t-il se passer ? gémit-il. Ma carrière administrative me paraît singulièrement compromise !

L'inspecteur coutinue à s'occuper du « jeune détenu ».

— Alors, mon ami, vous êtes innocent ? Votre physionomie n'est point celle, d'ailleurs, d'un redoutable criminel. Pour quels motifs aviez-vous été condamné ?

— Ma foi, répond Alice avec un aplomb imperturbable, je ne m'en souviens plus bien... Un tas d'histoires.....

— Vous ne vous souvenez plus à quel propos vous avez été condamné ?

— Naturellement, je ne m'en souviens

plus, puisque ce n'est pas moi qui suis le vrai coupable.

— Cela n'empêche pas...

— Pourquoi voulez-vous que je me rappelle les crimes des autres ?

— Tout cela n'est pas clair... La prison de Montpaillard est décidément une étrange prison et son directeur un bizarre fonctionnaire.

Mais Alice ne peut entendre blâmer son ami sans protester.

— Ne dites pas de mal de Bluette, s'écrie-t-elle, il est très chic !

Hélas, la courageuse protestation d'Alice va droit à l'encontre de son intention si pure !

Ce mot *très chic* et surtout le ton sur lequel il a été lancé a décillé[1] les yeux de l'inspecteur.

---

1. *Déciller* est un terme de vénerie qu'on écrit à tort *dessiller*. Le verbe *ciller* signifie coudre les paupières d'un oiseau de proie pour le dresser..... Attrape !

— Très chic? répète-t-il. Comme vous avez dit cela! Mais, Dieu me pardonne... Voulez-vous avoir l'obligeance d'enlever votre calotte?

— Voilà, monsieur l'inspecteur.

Le flot brun des cheveux d'Alice déferle sur ses épaules et sur son dos.

Avec une grâce infinie, M. l'inspecteur s'est découvert :

Il s'incline et salue :

— Madame !

— Monsieur l'inspecteur !

Au cours de sa carrière, monsieur l'inspecteur en avait vu de raides, mais celle-là, vraiment, dépassait les limites permises de la fantaisie administrative.

Une jeune femme, en costume de prisonnier, qui lit le *Figaro*, en chantant des airs d'opérette, au fond d'un sombre cachot !

Voilà du pas banal !

Monsieur l'inspecteur est fort perplexe.

Son chapeau à la main, il contempla Alice, la jolie Alice, car elle est jolie, la petite mâtine, dans son travesti improvisé !

Ah oui, il est perplexe monsieur l'inspecteur !

Mais soudain la gravité de sa physionomie fait place aux plus enjoué des sourires.

La vieille galanterie française a reconquis ses droits !

— Vous êtes délicieuse ainsi, madame, mais vous plairait-il de me dire par quel curieux concours de circonstances vous vous trouvez dans ce costume et dans ce cachot ?

— Une simple fantaisie personnelle, monsieur. Je vous assure que M. Bluette ignorait complètement ma petite mascarade, et qu'il a été aussi surpris que vous de me voir dans ce costume...

— Qui vous va admirablement, d'ailleurs.

Jamais je n'aurais cru que des effets généralement portés avec tant d'inélégance puissent être aussi séants à une jolie femme !

— Vous me flattez, monsieur l'inspecteur.

— Mais non. Je vous assure. Vous êtes très gentille.

— Eh bien, puisque vous me trouvez gentille, promettez-moi de ne pas être méchant pour M. Bluette, qui est un si bon garçon !

— Je vous le promets... Vous avez l'air de l'aimer beaucoup, votre cher Bluette ?

— Beaucoup, beaucoup !

— Heureux homme ! Vous êtes charmante, madame.

Pour lui prouver sa réelle sympathie, il prend la main d'Alice et la garde dans la sienne.

— Vous êtes positivement charmante.

— Alors, vous ne le gronderez pas ?

— Soyez tranquille.

— Et même, vous lui ferez avoir de l'avancement ?

— Oh ça ! ce sera peut-être plus difficile.

— Est-ce qu'on ne pourrait pas lui trouver une petite prison à Paris ?

— Quartier des Champs-Élysées ?

— Ou à Passy, plutôt.

— Elle est adorable, ma parole !.. J'ai une envie folle de vous embrasser.

— Je veux bien, mais à la condition que vous n'oublierez pas la prison de Passy.

— C'est juré !

Et, complètement désarmé, M. l'inspecteur embrassa la jeune femme.

XXIII

Dans lequel on démontre administrativement qu'il est parfois aussi difficile d'entrer en prison que d'en sortir.

Mettant de nouveau à contribution ce curieux privilège dont j'ai parlé plus haut et qui confère aux romanciers le pouvoir de jouer avec le temps comme avec l'espace, je vais, messieurs et dames, si vous y consentez, vous rajeunir pour un instant de vingt-quatre heures.

Reprenons les choses où elles en étaient quand notre vieux camarade Jules Fléchard, après l'impressionnante scène des aveux chez les Chaville, se dirigea résolument vers le parquet, à la fois soutenu par le doux souvenir d'Arabella lui murmurant : courage ami (de quelle voix, ô ciel !) et par les civiques exhortations de maître Guilloche, son avocat improvisé.

Au parquet ces messieurs furent reçus froidement.

En l'absence du procureur, un vieux commis-greffier tenta de leur démontrer la parfaite inanité de leur démarche.

— Croyez-moi, mes amis, rentrez chez vous et ne reparlons plus de cette affaire.

— Mais pourtant...

— Ce sera beaucoup plus raisonnable. Le tribunal s'est trompé, dites-vous, en condamnant Blaireau à votre place, c'est bien possible ; mais c'est une affaire entre le nommé Blaireau et vous, monsieur Fléchard.

— La question est plus haute, protestait l'avocat.

— Non, mon cher maître, la question n'est pas si haute que vous le dites. Blaireau a fait trois mois de prison pour le compte de M. Fléchard, c'est à ce dernier à dédommager Blaireau. A raison de vingt sous par jour (et c'est bien payé), cela nous fait une somme de 90 francs. Mettons 100 francs pour faire un compte rond… Donnez 100 francs à Blaireau et ne parlons plus de cette affaire-là !

— Nous reviendrons demain matin, et nous verrons si M. le procureur tiendra le même raisonnement que vous.

— S'il en tient un autre, il aura tort et servira mal les intérêts de la justice, intérêts plus considérables et plus augustes que ceux d'un simple citoyen comme vous, soit dit sans vous fâcher, monsieur Fléchard.

Et, se levant, le vieux greffier leur indiqua que l'entrevue avait pris fin.

Le professeur de gymnastique passa une mauvaise nuit.

Si pourtant les magistrats se refusaient à prendre aux sérieux ses déclarations, si on ne consentait pas à le mettre en prison, que dirait Arabella de Chaville ?

Car ce qu'elle aimait en lui — et il le comprenait bien — c'était la victime autant que le héros.

Sans prison, pas de mariage !

De la naissance et de la particule, la romanesque fille pouvait se moquer, mais pas de l'auréole !

Une auréole ! L'auréole du martyre, il la fallait à Fléchard, coûte que coûte !

Une auréole ! une auréole ! mon royaume pour une auréole !

Aussi, dès le lendemain matin, frappait-il à la porte du procureur.

— Ah ! s'écria le magistrat, c'est vous le nommé Fléchard (Jules) ! Eh bien, le nommé Fléchard (Jules) a raté une belle occasion de se tenir tranquille ! Juste au moment des vacances ! C'est cette époque-là que vous choisissez pour faire ce joli coup !

Fléchard répondit en baissant la tête :

— Monsieur le procureur, le remords ne choisit pas son jour.

— Le remords ? Ah ! fichez-moi la paix avec votre remords. Le remords de quoi ? D'avoir administré une râclée à cet idiot de garde champêtre ? D'avoir laissé condamner à votre place cette fripouille de Blaireau ? Il n'y a pas de quoi fouetter une puce, dans tout cela. Allons, mon ami, rentrez chez vous, et qu'il ne soit plus jamais question de cette ridicule histoire !

— Je vous demande bien pardon, monsieur le procureur, de ne pas être de votre avis, mais je tiens à être incarcéré au plus vite.

— Incarcéré? non ! Enfermé dans une maison de fous, plutôt ! Allez-vous-en, mon ami, allez-vous-en !

— Monsieur le procureur, je vous préviens que si vous ne voulez pas me mettre en prison, je m'adresserai à une juridiction supérieure.

— On vous enverra promener.

— Je ne me laisserai pas rebuter.

> Et j'irai, s'il le faut
> Jusqu'au garde des sceaux !

— Écoutez, Fléchard, voulez-vous être raisonnable et remettre cette affaire-là à plus tard, après les vacances ?

— Je veux coucher en prison, ce soir même.

— Je commence à croire que j'ai devant moi un dangereux monomane. Gare la douche!

— Merci bien, j'en ai pris une ce matin.

— Pas assez forte, sans doute. Allez-vous-en!

Et, saisissant Fléchard par le bras, le magistrat mit notre pauvre ami à la porte.

. . . .

Dans l'après-midi, Fléchard prit une résolution héroïque.

Après avoir composé un petit ballot d'effets de rechange et d'objets de toilette, il se dirigea vers la prison.

M. Bluette, pensait-il, est un excellent garçon. Je le connais, il ne me refusera pas de m'admettre dans son établissement, au moins pour quelques jours.

En chemin, il rencontra le maire, furieux, qui lui dit :

— Ah ! vous voilà, vous ! Vous pouvez vous vanter d'en avoir fait, un joli coup ! Il y a devant la prison au moins trois cents imbéciles qui attendent la sortie de Blaireau pour le porter en triomphe.

Malgré tout son ennui, Fléchard ne put s'empêcher de dire :

— Ça va être très drôle ! éclata-t-il.

— Très drôle, en effet ! Ah ! si nous avions de la troupe à Montpaillard, c'est moi qui ferais fusiller tous ces gars-là !

— Vous n'y allez pas de main morte, monsieur le maire !

— Voyons, Fléchard, soyez sérieux. Tenez-vous toujours à vous déclarer coupable ? Il est encore temps.

— Plus que jamais, monsieur le maire, et je vais de ce pas me constituer prisonnier.

— Alors, que tout le désordre qui va révolutionner Montpaillard retombe sur votre tête !

A la prison, Fléchard trouva Bluette, tourmenté, inquiet et, contrairement à son habitude, de fort méchante humeur.

Et il y avait de quoi ! Cet inspecteur, qui tombait juste sur Alice déguisée en détenu ! Qu'est-ce qui allait résulter de cette aventure ? Mon Dieu ! Mon Dieu ! La révocation, sans nul doute.

— Vous, Fléchard ! que désirez-vous ?

— Vous êtes sans doute au courant de la situation, monsieur le directeur ?

— L'affaire Blaireau, oui ; c'est vous le coupable ?

— Parfaitement.

— Et après ?

— Après ?... Je viens me constituer prisonnier.

— Avez-vous un papier?

— Non, monsieur le directeur.

— Une lettre, un mot du parquet?

— Je n'ai rien.

— Et vous vous imaginez que je vais vous coffrer, comme ça, *de chic*? Vous êtes étonnant, ma parole d'honneur!

— Alors, il faut des recommandations maintenant, pour entrer en prison?

— Mais, certainement!

— Toujours la faveur, alors! Le népotisme! Pauvre! pauvre France!

— Au revoir, Fléchard, tâchez de vous faire une raison.

— C'est bien entendu, vous ne voulez pas me recevoir?

— Je vous dis que non, là!... Fichez-moi le camp!

On venait de frapper à la porte du bureau.

— Ah! c'est encore vous, Blaireau, que désirez-vous?

— Ça n'est pas pour vous faire un reproche, monsieur le directeur, mais je trouve que vous y mettez du temps à me relâcher!

— Impossible avant que j'aie reçu l'ordre du parquet.

— Ah, nom d'un chien! C'est trop fort! Non seulement j'ai fini mon temps, mais encore je suis reconnu comme innocent, et on ne veut pas me lâcher! C'est trop fort! mille pétards de bon sang! C'est trop fort! On n'a jamais rien rien vu de pareil!

— Mon cas à moi, s'écria Fléchard, est encore plus fort! Je suis coupable et on ne veut pas me coffrer!

— Mon pauvre ami, dit Bluette, si on devait mettre tous les coupables en prison, on n'y arriverait pas.

— Ah ! elle est propre, la justice ! Pauvre France !

Et il murmura : « Que va penser Arabella ? »

Blaireau, lui, était arrivé au comble de l'exaspération.

— Ah ! oui, pauvre France ! c'est bien le cas de le dire ! Attends un petit peu que je sois sorti de prison, et puis, je vais te l'arranger le gouvernement !

Quant à Fléchard, il regagna son domicile d'un air plus las encore et plus navré que de coutume.

XXIV

Dans lequel le lecteur, non seulement n'assistera pas à la sortie de Blaireau, mais encore verra ce malheureux enfermé dans un sombre cachot.

L'affaire Blaireau commençait à causer un grand tapage dans Montpaillard. Jamais les dix-sept membres du parti révolutionnaire ne s'étaient vus à pareille fête et ils entretenaient, avec une habileté diabolique, cette agitation que le maire, M. Dubenoît, combattait avec l'énergie du désespéré.

Le *Réveil de Nord-et-Cher* avait publié, vers midi, une seconde édition plus incendiaire encore que celle du matin.

Et illustrée !

Grâce à un vieux cliché, trouvé dans les caves de l'imprimerie, Blaireau était représenté chargé de chaînes, accroupi dans un hideux cachot qu'éclairait un soupirail étroit mais outrageusement grillagé.

Des bêtes de toutes sortes grouillaient sur le sol humide de cet *in-pace.*

Comme légende, ces simples mots : *Un innocent, à Montpaillard, à la fin du dix-neuvième siècle..*

Un exemplaire de ce journal avait été apporté à Blaireau par son ami Victor, le gardien.

— Tiens, regarde ça, mon vieux ! Ils t'en ont fait une tête !

— Je ne suis pas de ton avis, répond Blaireau avec conviction. Moi, je me trouve bien ressemblant.

— Mon pauvre Blaireau !

— Attends un peu, Victor, je vais leur en fiche, moi, du pauvre Blaireau !

— Comment tu vas sortir bientôt et tu n'es pas content !

— Ah ! fichtre non, je ne suis pas content ! Et je vais leur montrer de quel bois il se chauffe, le pauvre Blaireau !

— A qui donc en veux-tu si fort ?

— A qui j'en veux ? Mais aux gens du Parquet, à ce vieux serin de Dubenoît, à tous ces mauvais gars de la gendarmerie. Attends un petit peu que je sois sorti !

— Tu ne les mangeras pas tout crus ?

— Non, je me gênerai !... Tu me prends sans doute pour un autre, mon pauvre Victor. Tu t'imagines probablement que je suis encore le simple et banal Blaireau d'autrefois !

— Quoi! tu vas monter sur le trône de France, à cette heure!

— Non, mais je suis le porte-drapeau des persécutés!

— Bigre!

— Je suis président d'honneur!

— Fichtre!

— Je suis le héros, tu entends bien, le *hé-ros* d'une fête organisée par un baron!

— Mazette!

— Et c'est ce Blaireau-là qu'on a le toupet de ne pas remettre en liberté! Ah! ils entendront parler de moi!

Blaireau, grisé de ses propres paroles, était arrivé au dernier degré de l'exaspération, et ses clameurs protestatives faisaient trembler les murs de la prison.

. . . .

Au cours de ses promenades dans les couloirs, le hasard le fit rencontrer nez à nez avec M. l'inspecteur qui continuait sa tournée avec Bluette.

— Qu'est-ce que c'est que ce vacarme ? Et ce costume ? Dites-moi, monsieur Bluette, quel est cet individu ?

Bluette s'empresse de répondre à son inspecteur :

— Cet individu, monsieur l'inspecteur... eh bien ! précisément, c'est l'innocent, l'innocent dont nous parlions tout à l'heure.

Mais l'inspecteur ne veut pas entendre de cette oreille-là.

On lui a déjà fait, avec Alice, le coup de l'innocent. Ça ne prend plus !

— Mon cher monsieur Bluette, vous êtes un aimable homme, mais vous manquez d'invention. Chaque fois que vous êtes embarrassé pour une réponse à donner sur quelqu'un, vous dites : C'est l'innocent... Variez un peu vos plaisanteries, mon cher Bluette, variez-les un peu, de grâce !

— Mais je vous assure, monsieur l'inspecteur. Du reste, interrogez-le vous-même.

— Innocent, cet individu ? Avec cette tête-là et ces guenilles, jamais je ne le croirai ! Et puis, innocent ou non, cet homme fait un tapage intolérable. Et il se retourna vers Blaireau avec colère. Dites-donc, vous, est-ce que vous n'aurez pas bientôt fini de hurler comme ça ?

— Je hurlerai comme ça tant que ça me plaira, et ça n'est pas encore vous, avec votre rosette, qui me ferez taire, gros malin ! Si quelqu'un a le droit de gueuler ici, c'est bien moi !

— Ah, vous le prenez sur ce ton-là, mon gaillard ! Gardien, mettez les menottes à cet homme, et en cellule, oust !

— Le premier qui me touche !...

Deux gardiens, sur les ordres de l'inspecteur, eurent bientôt fait d'enfermer Blaireau dans un cachot où il continua à exhaler ses invectives les plus retentissantes.

A ce moment, apparurent deux Anglais portant une lettre dans laquelle leur consul les recommandait chaudement à M. le directeur de la prison :

— Que désirez-vous de moi ?

— Il paraît que vô avez un *hinnocent* dans le présonne de Montpaillard ?

— Oui, et puis ?

— Nous désirons voar le hinnocent

L'inspecteur perdit patience.

— Ça, c'est le comble ! Si les Anglais s'en mêlent, maintenant ! Il n'y a donc pas de *hinnocent* en Angleterre, que vous soyez forcés de faire le voyage de France ?

— No, jamais de *hinnocent* en Angleterre !

— Eh bien, messieurs, vous ne verrez pas

le nôtre, nous l'avons enfermé dans un cachot. Ecoutez-le, c'est lui qui crie ! L'entendez-vous ?

— Aoh ! bizarre !

Et les Anglais se retirèrent pénétrés de stupeur pour la façon, en effet étrange, dont on entend le régime pénitentiaire dans certains départements français.

XXV

Dans lequel le lecteur d'accord, en cela, avec M. Dubenoit, se persuadera que Montpaillard traverse une crise.

En vertu de ce principe que les meilleures plaisanteries ne gagnent rien à s'éterniser, la détention du malheureux Blaireau prit fin vers cinq heures du soir... Toute la population ordinairement si paisible de Montpaillard est massée aux abords de la prison.

Le parti révolutionnaire, sous la conduite de l'ambitieux Guilloche, s'agite, cherchant à donner à la modeste escouade qu'il comporte l'apparence d'une masse drue et bien disciplinée.

Il arrive presque à ce résultat en s'adjoignant sans fierté plusieurs poignées de jeunes galopins enchantés de l'aubaine.

Le maire rêve de charges de cavalerie, de mitrailleuse, d'arrestation des séditieux. Ah ! si on avait de la troupe à Montpaillard !

Ou si, seulement, on avait encore le maréchal des logis Martin, un homme à poigne, celui-là, un lapin qui avait fait toutes ses études de gendarmerie dans les fameuses brigades de la banlieue de Paris, si réputées pour leur façon radicale d'épouvanter les méchants et de rassurer les bons !

Hélas ! le redoutable Martin a pris sa retraite voilà un an !

Et rien pour mettre cette racaille à la raison, rien qu'une police bourgeoise doublée d'une maréchaussée à la papa. Les gendarmes, d'ailleurs, semblent s'amuser autant que les badauds.

Pour comble voilà Parju, le garde champêtre, qui s'amène ; Parju duquel la déposition est la cause de la condamnation de Blaireau, et, par suite, de tout ce scandale.

On hue Parju : « Hé ! Parju, mets tes lunettes ! As-tu retrouvé ta plaque, Parju ? etc. »

Parju, finit par comprendre que sa présence en ces parages n'est point faite pour apaiser les esprits, et prend un point de direction vers la périphérie (comme dit un docteur conseiller municipal) de Montpaillard.

Tout à coup les portes de la prison s'ouvrent, et alors retentit un immense cri de : « Vive Blaireau ! vive Guilloche ! » mais surtout : « Vive Blaireau ! »

Les deux compères, bras dessus, bras dessous, s'avancent Guilloche grave dans sa correcte redingote noire, Blaireau radieux et drapé dans les loques innomables précédemment décrites.

C'est un beau spectacle.

. . . .

Les deux Anglais sont dans la foule : l'un prend des notes, l'autre manœuvre son *bull's eye*[1] avec une frénésie peu commune.

Les haillons de Blaireau surtout semblent les intéresser.

On ne les croira pas quand, rentrés au sein de la perfide Albion, ils raconteront à leurs compatriotes ces scènes de la vie judiciaire française.

. . . .

Mais, peu à peu, l'ordre renaît dans Montpaillard.

Les paisibles citoyens, maintenant réunis

---

1. Petit appareil photographique que je ne saurais trop recommander à nos lecteurs.

autour du potage familial, commentent diversement les événements de la journée.

Les farouches révolutionnaires, assemblés dans la grande salle du premier de la *Brasserie de l'Avenir*, offrent à Blaireau une longue série de vermouts d'honneur, de bitters d'honneur, d'absintes d'honneur et même de quinquinas d'honneur !

Ces divers breuvages poussent bientôt l'assistance à dire énormement de mal du gouvernement.

Très à son aise, pas fier pour un sou, charmant avec tout le monde, Blaireau promet sa protection à chacun.

Rentré chez lui, M. Dubenoît se met en bras de chemise, éponge son front ruisselant, et tombe accablé dans un fauteuil.

— Ma pauvre amie, dit-il à sa femme, il ne faut pas se le dissimuler, Montpaillard traverse une crise!

XXVI

*Dans lequel un joli avenir politique se lève
à l'horizon de la destinée de Blaireau.*

M. Dubenoît a raison : ce serait puéril de le dissimuler, Montpaillard traverse une crise.

Les esprits sont surexcités, le parti révolutionnaire fait des progrès immenses.

A la conférence de M° Guilloche (L'erreur judiciaire à travers les âges. Depuis le chêne de Saint-Louis jusqu'à nos jours). Blaireau a débuté dans ses fonctions de président d'honneur, avec ce sans-façon délicieux dont il a le secret, et qui lui a conquis bien des suffrages.

Un monde fou, à cette conférence ; les spectacles gratuits sont si rares en province !

Et puis, c'est demain grande fête de charité, dans le parc des Chaville, en l'honneur et au bénéfice de l'infortunée victime, et quel attrayant programme !

Ouverture du parc à deux heures de l'après-midi, baraques foraines, chevaux de bois, somnambule, cirque genre Molier avec, pour artistes, des jeunes gens de la ville ; petites filles vendant des fleurs ; auberge rustique et bar américain, tous les deux tenus par des demoiselles appartenant aux meilleures familles de Montpaillard, et une foule d'autres divertissements dont il est impossible de donner le détail par avance.

Le soir, il y aura grand bal, et pour terminer la fête, grand feu d'artifice!

A l'occasion de ce feu d'artifice, le baron de Hautpertuis a imaginé une pièce qui sera le bouquet, le clou sensationnel de ces splendides réjouissances.

Une grande bonne femme, d'abord éclairée de feux rouges, s'illuminera ensuite en blanc, puis finalement, fera explosion.

Cette pyrotechnie — vous en avez pénétré le symbole, j'espère — c'est l'innocence de Blaireau qui *éclate* aux yeux de tous!!!

Sans fausse honte, le baron se montre très fier de son imagination que chacun, autour de lui, qualifie de géniale, tout bêtement.

Bref, on ne s'ennuiera pas demain, et les assistants en auront pour leurs cent sous, car le prix du billet a été fixé à cinq francs, donnant droit à l'entrée dans toutes les baraques, aux chevaux de bois et au bal.

Pas aux rafraîchissements, bien entendu.

Le baron de Hautpertuis est un organisateur de premier ordre : sans faire quoi que ce soit par lui-même, il a le don de galvaniser ses collaborateurs et de communiquer aux plus indolents une activité sans bornes.

Pas un détail ne lui échappe, il pense à tout, il prévoit tout.

— Ah ! le service d'ordre que nous allions oublier. Justement voici M. le maire. Bonjour, monsieur le maire, vous arrivez bien.

— Qu'y a-t-il pour votre service, monsieur le baron ?

— Il s'agit du service d'ordre.

— C'est précisément pour cela que je venais vous trouver. Je compte dissimuler quelques gendarmes dans les massifs du parc. Vous n'y voyez pas d'inconvénient ?

— Au contraire, les gendarmes font toujours très bien dans les massifs.

— Et puis, je vous préviens qu'à la moindre incartade de votre Blaireau de malheur, je le fais empoigner et coffrer.

— Blaireau sera tranquille, j'en réponds, mon cher M. Dubenoît.

— Je le lui souhaite sans oser l'espérer, car on est en train de lui tourner la tête avec toutes ces histoires, ces acclamations, ces présidences d'honneur, ces conférences révolutionnaires, ces fêtes de charité!... Ah! oui, on ne le répètera jamais assez! Montpaillard traverse une crise!

— Pour ce qui est de notre fête, mon cher monsieur Dubenoît, je proteste énergiquement.

— Ne protestez pas, monsieur le baron, cette fête est une manifestation immorale, antisociale, une fête au profit d'un malfaiteur!

— D'un malfaiteur?... Permettez.

— Même pas!... D'un faux malfaiteur. Dieu sait où nous allons! On m'a changé l'esprit de ma population!

— Voulez-vous mon opinion, monsieur Dubenoît! A votre place, je ne me ferais pas de bile! Montpaillard est une ville très calme, seulement, elle s'ennuie. Il n'y a qu'à s'y promener pendant un quart d'heure pour s'en apercevoir. C'est une ville qui s'ennuie et qui s'ennuie depuis longtemps, peut-être.

— Depuis Henri IV, sous le règne duquel elle fut fondée.

— C'est énorme! Il n'est pas étonnant qu'à la longue, elle ait eu besoin d'un peu de distraction. Elle a pris le premier prétexte qui se présentait. Demandez plutôt à maître Guilloche. Boujour, monsieur Guilloche! Notre maire est en train de se lamenter sur le mauvais esprit qui commence à se faire jour dans l'âme de Montpaillard.

— Eh oui, répond le jeune avocat, je crois, sans me flatter outre mesure, que ma conférence sur les erreurs judiciaires a produit une certaine impression dans notre pays.

— Je n'en doute pas.

— Et qu'aux prochaines élections, notre parti aura un peu plus de dix-sept voix. Qu'en pense M. le maire?

— Mais j'en suis sûr, mon cher Guilloche, et je ne saurais trop vous féliciter de votre magnifique désintéressement!

— Que voulez-vous dire?

— Je veux dire que vous êtes en train de faire la fortune politique de Blaireau, car on crie: « Vive Blaireau! » On porte Blaireau en triomphe.

— C'est vrai.

— Et vous, est-ce qu'on vous porte en triomphe?

— Je n'ai jamais couru après ce genre de popularité.

— C'est bien, Guilloche, c'est même très bien de se sacrifier pour ses convictions, et Blaireau vous devra une fière chandelle, quand il sera député.

— Blaireau, député ! Vous badinez sans doute, M. le maire ?

— Moi, pas du tout, et, au fond, je suis ravi de cette tournure que prennent les choses.

— Oh... ravi ?

— Mais parfaitement. L'arrondissement de Montpaillard sera représenté par un innocent. Ce sera très remarqué à la Chambre et il en rejaillira, je l'espère, quelque gloire sur notre malheureux pays.

— Blaireau député ! Vous êtes fou.

Et Guilloche s'éloigna en proie, tout de même, à une songerie qui frisait l'inquiétude.

XXVII

Dans lequel, par une faveur spéciale, le lecteur sera introduit, avant l'ouverture des bureaux, au sein de la fête donnée en l'honneur et au profit de Blaireau.

— Mesdemoiselles, messieurs, voici une fête qui s'annonce à merveille !

— Oh ! oui, monsieur le baron, et un temps superbe ! par dessus le marché !

— Allons, ne perdons pas de temps. Il est une heure et demie et c'est à deux heures précises qu'on ouvre les grilles. Ne nous laissons pas devancer par la foule. Mesdames et mesdemoiselles, veuillez vous installer à vos comptoirs respectifs. Les commissaires, où sont nos commissaires?

Quelques grands dadais s'avancent.

— Voici, monsieur le baron, nous sommes là.

— Ah! parfaitement! Vous avez vos insignes, messieurs?

— Oui, monsieur le baron.

Alors tout va bien... Je n'aperçois pas nos petites cabaretières.

— Elles sont en train de mettre leur tablier.

Plusieurs jeunes filles arrivent, jolies comme des cœurs et si fraîches!

— Ah! les voici! Elles sont charmantes, nos petites cabaretières! Mesdemoiselles, c'est entendu, n'est-ce pas? Toutes les consommations vendues à votre bar, un franc.

Vendez du champagne, mesdemoiselles, et vendez-en beaucoup. Poussez ces messieurs à l'intempérance!... Au fait, comment est-il, ce champagne?

— Goûtez, monsieur le baron.

M. de Hautpertuis goûte et dissimule une légère grimace : Oh, oh, pas fameux, ce champagne ! Enfin, pour une fête de ce genre, c'est tout ce qu'il faut.

— Un franc, monsieur le baron, s'il vous plaît !

— Voici un franc, mademoiselle. Poussez ces messieurs à l'intempérance. Vous n'aurez pas grand'peine, du reste, par cette chaleur!... Mais où est notre Blaireau? Je n'aperçois pas Blaireau!

— Blaireau? répond M. de Chaville, il est à l'office, fort occupé à déguster un excellent café dans lequel il a versé la moitié d'un carafon de ma plus vieille eau-de-vie.

— Qu'il vienne !... Monsieur le commissaire, veuillez aller me chercher Blaireau.

Voici Blaireau !

Blaireau sanglé dans une antique, mais superbe encore redingote, laquelle provient de la garde-robe de son avocat.

Un gros dahlia rouge orne sa boutonnière. Un chapeau haut de forme, légèrement passé de mode, s'enfonce sur des cheveux pommadés sans mesure.

Avec un acharnement digne d'un meilleur sort, notre pauvre ami s'efforce de faire entrer ses grosses pattes dans des gants beurre frais (pas très frais).

L'arrivée de Blaireau provoque un murmure d'admiration auquel Blaireau répond par quelques signes protecteurs.

Seul, le baron n'approuve pas. Il ajuste sévèrement son monocle, fixe Blaireau et porte ce jugement :

— Mon cher Blaireau, c'est en habit noir que vous devez vous présenter aux populations.

— En habit noir ?

— En habit noir, oui ! Oh ! je sais ce que vous allez me dire, mon cher ami, qu'on ne porte pas l'habit dans la journée. Votre objection serait parfaitement raisonnable en temps ordinaire, mais dans les circonstances qui nous réunissent aujourd'hui, le cas est tout à fait différent. Le bénéficiaire d'une fête de charité doit être en habit noir et cravate blanche.

— Je ne vous dis pas le contraire, monsieur le baron, mais je ne crois pas avoir rien de pareil dans ma modeste armoire.

— M. Chaville se fera un plaisir de vous en prêter un. Vous êtes à peu près de la même corpulence. N'est-ce pas Chaville ?

— Volontiers !... Placide, donnez mon

habit noir à M. Blaireau. (*Bas à Placide.*) Le numéro 3.

Même avec un habit noir numéro 3, Blaireau apparaît magnifique.

Il met ses pouces dans l'entournure du gilet et fait quelques pas pour faire admirer sa prestance.

Nouvelle acclamation.

Une seule voix de blâme s'élève, celle de M. Dubenoît :

Très âpre, M. le maire dissimule mal sa fureur croissante.

— Ah ! oui, une jolie tenue pour représenter les persécutés !

— Pardon, monsieur le maire, observe judicieusement Blaireau, ne confondons pas, s'il vous plait. Ici je ne suis pas le porte-drapeau des persécutés, mais bien le héros d'une fête donnée en mon honneur et à mon profit... En mon honneur, monsieur le maire, et à mon profit ! Ça vous embête, ça, hein papa Dubenoît ?

M. Dubenoît hausse de muettes et rageuses épaules.

Le maire a amené avec lui son garde champêtre.

— Excellente idée ! dit le baron, nous allons le mettre au guichet de l'entrée. De cette façon, MM. les commissaires seront tous libres de circuler et de s'amuser dans la fête. Est-il intelligent, votre garde champêtre ?

— Il n'est pas intelligent et je l'en félicite, il est mieux qu'intelligent il est discipliné.

Tous mes compliments ! Cela suffit pour la mission que nous allons lui confier... Garde champêtre !

— Monsieur le baron !

— Apportez la plus grande attention à ce que je vais vous dire.

— Oui, monsieur le baron.

— Vous vous tiendrez à ce bureau, près de cette grille. Vous ferez payer cinq francs à toutes les personnes qui entreront, sauf, bien entendu, à celles qui apportent leur concours à la fête, dames vendeuses, musiciens, jeunes gens du cirque, etc. Avez-vous bien compris, mon ami ?

— Parfaitement, monsieur le baron, j'ai bien compris.

— Répétez-moi votre consigne.

— Faites payer cent sous à tout le monde, excepté à ceux qui apportent leurs concours.

— Parfaitement. Tenez-vous dès maintenant à votre poste, car voici qu'il est deux heures. La foule ne va pas tarder à se ruer.

. . . .

Cependant la foule ne se rue pas.

Nul être payant ne s'est encore présenté au guichet et l'heure s'avance.

M. Dubenoît aurait énormément ri dans sa barbe, s'il avait eu une barbe, mais, par malheur, il était entièrement rasé.

Ah ! voici quelques personnes !

C'est M\ieGuilloche et sa famille.

Après un court échange de paroles avec le garde champêtre tous ces gens pénètrent sans payer, Guilloche tient à s'en expliquer.

— Nous nous sommes permis, mon cher Blaireau, ma famille et moi, d'entrer à votre fête sans payer...

— Mais vous avez bien fait, monsieur Guilloche, vous avez bien fait !... Comment me trouvez-vous ?

— Splendide, Blaireau, splendide ! Décidément, vous étiez fait pour porter l'habit noir.

— J't'écoute ! ça me va mieux que les cochonneries que vous m'aviez mises sur le dos l'autre jour, hein, farceur !

Depuis sa sortie de prison, Blaireau est devenu extraordinairement familier avec son avocat.

Il lui prodigue des tapes amicales, des appellations entachées de trivialité, il prend même des airs protecteurs qui finissent par agacer Guilloche.

Et puis, répétons-le, la popularité croissante de Blaireau n'est pas sans inquiéter un peu notre jeune ambitieux.

Blaireau député! Est-ce qu'on sait jamais, avec le suffrage universel?

XXVIII

Dans lequel Blaireau fait preuve d'une grandeur d'âme peu commune et d'un oubli des injures tout à fait chrétien.

— Tiens, s'écria tout à coup Blaireau, un comptoir ! Bonne idée, ça, d'avoir mis un comptoir dans la fête !

C'est le bar américain que Blaireau désignait sous le sobriquet un peu populaire de *comptoir*.

— Justement, j'ai une soif !

Et s'approchant, il se fit servir une coupe de champagne dont le contenu disparut dans son gosier avec une remarquable prestesse.

— Ils sont bigrement petits, ces verres-là, mademoiselle.

— Buvez-en deux, alors monsieur Blaireau !

— Je ne demande pas mieux.

— Après tout ce que vous avez souffert monsieur Blaireau, vous avez bien droit à deux verres de champagne.

— Ah ! oui, j'ai souffert ! Bon Dieu de bon dieu que j'ai souffert, ma petite demoiselle !

— Pauvre monsieur Blaireau !

— Voilà ce qu'on peut appeler une rude captivité !

Et Blaireau est de la meilleure foi du monde en soupirant profondément au souvenir de ses tortures imméritées : à force de l'avoir entendu répéter, à force de s'être vu plaindre par les âmes compatissantes, il croit, dur comme fer, que c'est arrivé !

— Pauvre monsieur Blaireau ! insista la charmante jeune fille du bar.

— Ah oui, mademoiselle, vous pouvez bien le dire « *pauvre M. Blaireau* ». On n'a pas idée de ce qu'on souffre en prison !

— Voulez-vous trinquer avec moi, mademoiselle ?

Elise (elle répondait au doux nom d'Elise) s'excusa gracieusement de ne pouvoir accepter l'invitation.

— Merci, monsieur Blaireau, mais je ne prend jamais rien entre mes repas.

— Vous avez tort, mademoiselle, car d'ici longtemps peut-être, vous ne trouverez pas l'occasion de trinquer avec un martyr ! Justement, voilà mon avocat !

— Maître Guilloche ?

— Lui-même. Je ne sais pas ce qu'il a depuis quelques jours, il n'est plus le même avec moi. Hé, mon cher maître !

— C'est à moi que vous parlez ? fit sèchement Guilloche.

— Bien sûr que c'est à vous ! A qui voulez-vous que ce soit ? Un verre avec moi, sans cérémonie ?

— Impossible, vous le voyez, j'accompagne ces dames.

— Eh bien ! mais ces dames ne sont pas de trop. Plus on est de fous, plus on rit !

Guilloche s'éloigna sans répondre.

Une de ces dames fit la remarque :

— Il n'est pas très distingué, votre protégé.

— Mon protégé ? Dites plutôt mon *protecteur*, car, il paraît que la candidature Blaireau fait des progrès énormes, à ce qu'on m'assure de toutes parts.

— Au détriment de la vôtre ?

— Bien entendu.

— J'en suis enchantée, mon cher monsieur Guilloche. Cette mésaventure vous fera peut-être revenir au parti conservateur.

— Je ne dis pas le contraire.

— Ce grand parti conservateur sans lequel la France ne serait pas la France.

— Evidemment ! Evidemment !

A quoi tiennent les convictions d'un avocat, pourtant !

Il est juste d'ajouter que la morale de certains magistrats est également bien flottante et comme un peu molle, oserai-je dire.

Témoin cet excellent président du tribunal de Montpaillard, M. Lerechigneux qui précisément fait, à cet instant, son entrée dans la fête.

Blaireau l'a tout de suite aperçu.

Le cœur à la joie, cordialisé par les quelques verres de champagne qu'il venait d'avaler coup sur coup, Blaireau, la main grande ouverte, se précipita au-devant de M. Lerechigneux.

— Bonjour, mon président, comment ça va ?

— Monsieur...

— Je suis sûr que vous ne me reconnaissez pas.

— Votre figure, monsieur, ne m'est point inconnue, mais je vous avoue que je ne me rappelle pas exactement dans quelles conditions et où j'ai eu l'honneur...

Blaireau éclata d'un bon gros rire.

— L'honneur ! ah ! ah ! Elle est bonne celle-là !... L'honneur !

Le pauvre M. Lerechigneux, malgré des efforts désespérés n'arrive à reconnaître ce monsieur en habit noir, quelque *gentleman-farmer* des environs, pense-t-il.

— Ça n'est pas pour vous faire un reproche, sourit Blaireau, mais vous êtes joliment plus aimable aujourd'hui, monsieur le président, que le jour où vous avez eu... l'*honneur,* comme vous dites, de me procurer trois mois de ce que vous savez.

Puis, s'inclinant, il se présente gravement.

— Monsieur Blaireau !

— Ah ! parfaitement ! C'est drôle, je ne vous reconnaissais pas. Comment allez-vous, monsieur Blaireau ?

— Tout à fait bien... Rien d'étonnant à ce que vous ne me *remettiez* pas, monsieur le président, car le jour où vous avez eu l'*honneur*... je n'étais pas si bien habillé.

— En effet, je ne me souviens pas exactement du costume que vous portiez, mais je crois me rappeler que vous n'étiez pas en habit noir.

— Ni en cravate blanche, mais voilà !... Un

jour, on est en blouse, traité comme le dernier des derniers. Trois mois après, on est en cravate blanche et habit noir, et tout le monde vous appelle *Monsieur Blaireau,* gros comme le bras.

— C'est la vie!... Et à qui devez-vous tout cela, cher monsieur Blaireau? A moi.

— A vous, mon président?

— Bien sûr, à moi. Car, enfin, si vous n'aviez pas été jugé coupable d'abord, vous n'auriez pas été reconnu innocent ensuite, et personne ne s'occuperait de vous.

— C'est pourtant vrai.

— Aussi, mon cher monsieur Blaireau, me suis-je cru en droit d'entrer ici sans payer.

— Vous avez bien fait, monsieur le président.

— Allons, je vois que vous ne m'avez pas gardé rancune de ce petit malentendu.

— Moi, vous garder rancune ! Et de quoi donc ?... Vous m'avez trouvé coupable, parce que vous êtes juge... Une supposition que vous auriez été avocat, vous m'auriez trouvé innocent... Chacun sa spécialité !

— C'est un plaisir, mon cher monsieur Blaireau, d'entendre raisonner un homme avec tant de bon sens.

— Et la preuve, mon président, que je ne vous ai pas gardé rancune, c'est que nous allons trinquer ensemble.

— Volontiers.

— Mademoiselle, deux verres de champagne.

— Voici, monsieur Blaireau.

Blaireau élève son verre et proclame :

— A la justice !

M. Lerechigneux a le même geste et répond :

— A l'innocence !...

Ils choquent leur verre.

— Et maintenant, cher monsieur Blaireau, je vais vous quitter pour prendre part à cette fête donnée en votre honneur.

— En mon honneur et mon profit, monsieur le président. Amusez-vous bien, et surtout faites marcher les affaires.

XXIX

Dans lequel les choses commencent à se gâter entre Blaireau et son ex-accusateur le garde-champêtre Parju (Ovide).

M. Dubenoît avait prévenu son garde-champêtre.

— Votre mission est des plus délicates, mon vieux Parju.

— Oui, monsieur le maire !

— Il est possible, il est même probable, qu'au cours de cette fête, Blaireau vous lance quelques brocards.

— Des... quoi, s'il vous plaît, monsieur le maire ?

— Des brocards, c'est-à-dire des plaisanteries de mauvais goût, des railleries, des offenses.

— Bien, monsieur le maire.

— Vous ne lui répondrez rien, rien, rien ! C'est bien entendu ?

— C'est bien entendu, monsieur le maire.

— Pas un mot.

— Oui, monsieur le maire.

— Pas même un geste.

— Oui, monsieur le maire.

— Seulement, à la moindre incartade de ce citoyen vous viendrez me prévenir.

— Oui, monsieur le maire.

Parju se résuma à lui-même la consigne, sous cette forme que lui eût enviée Tacite : « Ni mot, ni geste », et attend les événements.

Les événements ne se firent pas longtemps attendre.

Très fier d'avoir trinqué avec M. le président, Blaireau ne résista pas au plaisir d'en triompher aux yeux de Parju qui, de loin, avait vu la scène.

— Sans quitter le bar, il interpella l'humble fonctionnaire.

— Eh bien, mon vieux camarade, qu'est-ce que tu dis de ça ?

Parju ne broncha pas.

— Tu vois avec qui j'ai trinqué. Avec M. le président du tribunal de Montpaillard. C'est-il toi qui trinquerais avec le président d'un tribunal ? Hein, gros malin !

Parju ne broncha pas.

— Toi, tu ne serais même pas fichu de trinquer avec le greffier de la justice de paix.

Parju ne broncha pas.

Blaireau hésita un instant entre deux partis : se mettre en colère contre l'entêté ou prendre pitié de l'imbécile.

Le parti de la générosité l'emporta.

— Allons, vieux frère, je ne t'en veux pas... Viens trinquer avec moi, sans cérémonie.

Parju ne broncha pas.

— Mademoiselle, deux verres de champagne, s'il vous plaît... A la tienne, Parju !

Parju ne broncha pas.

— Tu ne veux pas trinquer ?... Eh bien, à la tienne, tout de même.

Et Blaireau vida les deux verres en murmurant :

— Andouille, va !

Puis il ajouta :

— C'est à se demander si le gouvernement n'est pas fou d'avoir des gardes-champêtres de ce calibre-là !

XXX

Dans lequel, ou plutôt, à la fin duquel la pure mémoire d'Agrippa d'Aubigné sera légèrement ternie, mais fort peu, en somme.

— Tiens, mais je vous reconnais, vous! fit Blaireau au monsieur mince qui s'avançait d'un air fortement navré.

Jules Fléchard, car c'était lui, fouilla dans tous les tiroirs de ses souvenirs, mais en vain : il ne reconnaissait pas, lui, son interpellateur.

— Est-ce pas vous, continua ce dernier, qui vouliez, à toute force, entrer dans la prison, juste au moment où moi je voulais en sortir.

— Monsieur Blaireau, sans doute ?

— Lui-même, en personne.

— Enchanté de faire votre connaissance.

— Moi aussi je suis enchanté, mais, soit dit sans reproche, vous auriez pu la faire beaucoup plus tôt, ma connaissance. La chose ne vous aurait pas été bien difficile. Vous saviez où me trouver.

Il prit un air suprêmement ironique.

— Je n'ai pour ainsi dire pas bougé depuis trois mois.

— Je préférais attendre.

— Attendre quoi ?

— Le beau temps.

— Drôle d'idée !... Enfin, chacun son goût. Un verre de champagne avec moi, sans cérémonie, mon vieux... comment, déjà?

— Fléchard... Jules Fléchard...

— ... Mon vieux Fléchard, pour vous montrer que je ne vous en veux pas ; je ne sais ce que j'ai aujourd'hui, je n'en veux à personne, pas même à ce vieux serin de garde champêtre. Hé, Parju!

Parju ne broncha pas.

Fléchard allait poliment accepter la gracieuse invitation de Blaireau quand, tout pâle, il aperçut Arabella de Chaville qui venait à lui.

— Mademoiselle!

— Monsieur Fléchard ! (*Bas*). Jules!

— (*Bas*). Arabella!... Quelle détresse est la mienne! Hier encore, j'ai fait une démarche suprême au parquet ; ces misérables se refusent à m'incarcérer... Soyez sûre, ma chère amie, que, depuis une semaine, j'ai fait infiniment plus d'efforts pour entrer en prison qu'il ne m'en eût fallu pour m'évader.

Le visage de l'un peu mûre mais romanesque fille se couvrit d'une charmante rougeur.

— Ecoutez, Jules, j'ai beaucoup réfléchi depuis quelques jours, je me suis interrogée longuement et (*baissant la voix et rougissant plus fort*), j'aime mieux maintenant que nous ne soyons plus séparés, mon ami.

Fléchard eut un tressaillement de joie:

— Arabella, vous êtes un ange! lui baisa-t-il la main.

— Et vous, Jules, vous êtes mon héros!

— Oui, Arabella, nous serons heureux... mais quand?

— Bientôt, Jules.

— Pas avant que je n'aie payé ma dette.

— Quelle dette?

— Ma dette à la société. Jusqu'à présent,

je n'avais rien dû à la société, aujourd'hui ! nous sommes en compte.

— Qu'importe, j'ai comme un pressentiment que cette affaire s'arrangera.

M. Lerechigneux passait.

—N'est-ce pas, monsieur le président, que cette affaire s'arrangera ?

— En principe, mademoiselle, toutes les affaires s'arrangent ; mais dites-moi de quelle sorte d'affaire il s'agit en ce moment ?

— Du cas de M. Fléchard, le coupable dans l'affaire Blaireau.

Blaireau avait entendu.

— L'affaire Blaireau ! répéta-t-il comme un écho, et de plus en plus échauffé par le champagne. Ah ! en voilà une qui peut se vanter d'en être une affaire, ça, l'affaire Blaireau ! Mais l'affaire Fléchard, ça, ça n'est rien du tout. Monsieur le président vous le dira comme moi : l'affaire Flé-

16.

chard, ça n'est rien du tout ! Ah ! parlez-moi de l'affaire Blaireau !

— Blaireau a raison, confirma le président. M. Fléchard a droit à l'indulgence du tribunal. On a déjà fait trois mois de prison pour ce délit là. *(A Fléchard.)* Le tribunal vous en tiendra compte et je crois pouvoir vous affirmer qu'avec une légère amende...

— Une amende !

— Dans les seize francs...

— Oh ! merci, monsieur le président, s'écria Arabella, vos paroles me mettent du baume dans le cœur !

Blaireau, qui décidément se sentait une vive sympathie pour Fléchard, proposa :

— Il y aurait quelque chose de bien plus simple, ce serait de l'acquitter. Si on l'acquittait, tout de suite, monsieur le président, en vidant un verre ? Entendu, hein, nous acquittons Fléchard !

— Ici, mon cher ami, cela ne compterait pas, mais, je le répète, le tribunal sera indulgent, j'en réponds.

— D'autant plus, atténua Fléchard d'un air détaché que la chose est insignifiante. Au moyen âge on n'y aurait même pas fait attention. C'était le passe-temps favori des grands seigneurs de rosser les gardes-champêtres ; Colbert, Sully, Agrippa d'Aubigné ne s'amusaient pas autrement !

— Oh ! protesta le président, Agrippa d'Aubigné !.... je ne sais pas jusqu'à quel point Agrippa d'Aubigné...

— Mais oui, affirma Blaireau, Agrippa d'Aubigné comme les autres !... Mademoiselle, servez-nous quatre verres de champagne ! Il y a longtemps qu'on n'a pas trinqué !

Et il ajouta tout joyeux :

— Agrippa d'Aubigné, je l'ai connu dans le temps. C'était un rude lapin !

XXXI

Dans lequel M. le directeur de la prison de Montpaillard se montre toujours fidèle à son système d'employer les détenus à la profession qu'ils remplissaient avant leur arrestation.

Cependant Blaireau continuait à être le meilleur client du bar.

Il avait dit à la jeune fille qui servait de caissière :

— Marquez bien toutes mes consommations, mademoiselle ; je vous réglerai ma petite note ce soir, quand j'aurai touché mon profit.

Jusqu'à présent, le profit ne semblait pas prendre des allures de vertige, et, en dépit des : *Ça va bien, ça va bien*, de notre optimiste baron, l'assistance persistait à être des plus clairsemées.

Blaireau mettait une extrême coquetterie à ne pas *faire Suisse*, comme on dit au régiment, c'est-à-dire à ne pas boire seul.

Chaque nouvel arrivant, il l'invitait.

— C'est bien le moins que ce soit ma tournée, aujourd'hui ! Mademoiselle et toi, mon vieux Fléchard, encore un petit verre de champagne.

— Je ne voudrais pas vous désobliger, monsieur Blaireau, dit Arabella, mais...

— C'est ça qui ne serait pas gentil de me désobliger, après tout ce que j'ai souffert.

— Vous exagérez, monsieur Blaireau, vous n'avez pas tant souffert que vous le dites. Et puis, bien souvent, vous receviez de petites douceurs, du vin, des cigares, des confitures.

— C'est vrai... Comment diable savez-vous ça ?

Embarrassée elle balbutia : Je sais cela, parce que...

Fléchard vint au secours de son amie :

— Mademoiselle est la présidente d'une œuvre qui a pour but d'envoyer des secours à tous les innocents qui sont dans les prisons.

— Tiens, tiens, tiens! Je n'avais jamais entendu parler de cette organisation-là.

— C'est la *Ligue pour réparer dans la mesure du possible les inconvénients des erreurs judiciaires.*

— Elle doit avoir de l'occupation votre

ligue ! Mais, au fait, mademoiselle, comment saviez-vous que j'étais innocent ?

— Ah voilà ! Notre ligue a sa police.

— Alors, toi, mon pauvre Fléchard, on ne t'enverra pas de cigares pendant ta rude captivité ?

— Hélas, non ! Moi, je suis un vrai malfaiteur !

— Ne te fais pas trop de bile, je vais te recommander à mon ancien patron. Il te soignera bien. Hé ! monsieur Bluette, un petit mot, s'il vous plaît ?... On ne reconnaît donc plus son ancien pensionnaire ?

— Ma foi, je l'avoue, je ne vous reconnaissais pas. Peste ! mon cher, comme vous voilà mis !

— C'est gentil, ça, d'être venu à ma fête.

— J'ai tenu à vous serrer la main. Vous ayant connu à la peine, je suis enchanté de vous contempler à l'honneur. Je vous dirai même, mon cher Blaireau, que je me suis permis d'entrer sans payer.

— Vous avez joliment bien fait, monsieur Bluette !... Eh bien ! il n'aurait plus manqué que cela... Est-ce que vous m'avez fait payer un sou, pendant tout le temps que je suis resté dans votre établissement ?

— Jamais, en effet ! De plus, deux de mes pensionnaires m'ont demandé une faveur que je n'ai pas cru devoir leur refuser. Ils sont ici qui m'attendent à l'entrée.

Le baron de Hautpertuis ne put se défendre d'une vague inquiétude.

— Vous avez amené deux de vos détenus ici, dans cette fête !

— Deux charmants garçons, baron, que Blaireau a connus chez moi, Feston et Durenfort.

— Oui, confirma Blaireau, deux bons gars et pas fiers.

— Vous voudrez bien, baron, leur prêter une de vos baraques pour leur permettre d'accomplir leurs curieux exercices.

— En quoi consistent ces exercices ?

— L'un d'eux joue du trombone à coulisse, pendant que l'autre mange des lapins vivants.

— Des lapins vivants ? Pauvres bêtes ! gémit une des jeunes filles du bar.

— Affaire d'habitude, mademoiselle, simple affaire d'habitude !

— Pour vos saltimbanques, oui, mais pas pour les lapins.

— Et, s'informa le baron, à la suite de quel délit furent condamnés ces artistes ?

— Le trombone pour avoir emprunté nuitamment le lapin d'autrui, et l'autre pour l'avoir mangé.

— Parfaitement ! dit M. Lerechigneux, je me souviens, c'est moi qui les ai condamnés.

J'assimilai, fort habilement, au recel, le cas du dernier.

— Fort ingénieux, en effet. Par ici, mes amis, par ici.

— Un verre de champagne en passant, n'oublia pas Blaireau.

— Ce n'est pas de refus.

— Ce vieux Feston! Ce vieux Durenfort!

— Ce vieux Blaireau!

XXXII

Dans lequel Blaireau échafaude un beau rêve dont l'écroulement suit de près l'éclosion, si nous osons nous exprimer ainsi.

L'auteur a retardé aussi longtemps qu'il l'a pu la promulgation d'un fait bien pénible, mais malheureusement impossible à dissimuler davantage.

Blaireau est complètement gris maintenant, gris comme toute la Pologne, au temps où il y avait encore une Pologne et que la Pologne était heureuse.

De cordiale qu'elle était au début, l'ivresse de Blaireau a tourné vite à la familiarité gênante : elle frise désormais la mauvaise éducation.

Notre ami se promène dans la fête, dans sa fête, un jeu de cartes à la main, il arrête les gens : « Prenez-en une. » On prend une carte. « C'est le huit de trèfle ! » s'écrie triomphalement Blaireau, ou : « Le roi de cœur ! » selon le cas.

Et le plus curieux c'est que Blaireau ne rate pas un seul de ses tours.

Encore un talent qu'on ne connaissait pas à Blaireau !

Et puis Blaireau rayonne : il va être riche, très riche !

Le parc de Chaville, tout à coup, s'est rempli de monde. Tout Montpaillard est là, dans les baraques ou sur les chevaux de bois.

A cinq francs par personne, quelle belle recette !

Que va-t-il faire de tout cet argent !

Hé, parbleu ! il achètera un fonds de mastroquet. Excellente idée !

Populaire comme il est, il ne peut manquer d'avoir tout de suite une nombreuse clientèle.

Ah ! pour une idée, ça, c'est une idée, et une fameuse !

— Dites donc, papa Dubenoît, vous ne savez pas ! eh bien ! avec mon argent, je vais ouvrir un café, un joli petit café, le café Blaireau.

— Il sera propre, le café Blaireau !

— Un petit café, juste en face du tribunal, avec cette enseigne : *Au rendez-vous des innocents !* Hein, qu'est-ce que vous pensez de ça ?

— Je pense que votre établissement ne restera pas longtemps ouvert, voilà ce que je pense.

— Et qui est-ce qui le fermera, s'il vous plaît?

— Moi-même, mon cher ami, et je vous garantis que cela ne sera pas long.

— Si jamais vous faisiez ça, mon bonhomme, savez-vous ce qui arriverait?

— Peu importe!

— Il arriverait que je me ferais nommer maire à votre place.

Ayant entendu ces mots, le baron de Hautpertuis éclata de rire :

— Blaireau maire!... C'est pour le coup que Montpaillard en traverserait une crise, mon cher monsieur Dubenoît!

— Ah baron! gémit Dubenoît, nous vivons dans des temps bien troublés!

— Je ne trouve pas... Voyez comme tous

ces gens s'amusent ! S'amuser, tout est là !

— Vous avez raison, mon vieux baron, s'écrie Blaireau, tout à la rigolade ! Demain, les affaires sérieuses !..... Au fait, ça serait-il pas indiscret de savoir à combien se monte ma recette en ce moment ?

— Nous ferons le compte ce soir, après la fermeture.

— J'aimerais tout de même bien savoir où nous en sommes à cette heure.

— Rien de plus facile, nous allons demander au garde champêtre. C'est lui que j'ai chargé de percevoir le prix des entrées... Parju !

— Monsieur le baron.

— Veuillez me dire combien d'argent vous avez en caisse.

— Combien d'argent !... Mais... pas un sou, monsieur le baron !

— Pas un sou ?

— Pas un sou ! monsieur le baron, pas un sou !

XXXIII

*Dans lequel l'effondrement de Blaireau
s'annonce comme total.*

— Pas un sou !

Le plus terrible c'est qu'il ne fallait pas voir dans cette déclaration une agréable facétie, comme le crurent d'abord le baron et Blaireau.

C'était la vérité, l'atroce vérité.

Parju avait laissé entrer tout ce monde sans payer.

L'explication qu'il fournissait de sa conduite était des plus simples, d'ailleurs :

— M. le baron m'avait bien recommandé de ne pas faire payer les gens qui apportaient leur concours à la fête. A chaque personne qui arrivait, je demandais : « Apportez-vous votre concours ? On me disait : « Quel concours ? » Je répondais : « Parce que, voilà, si vous n'apportez pas votre concours, il faut payer cinq francs, si vous apportez votre concours, vous pouvez entrer sans payer. » Tout le monde me répondait : J'apporte mon concours.

— Alors, il ne s'est trouvé personne pour payer ?

— Personne, monsieur le baron, personne !

— Ah ! s'écria Dubenoît en riant, je m'explique maintenant l'empressement de la population.

— Imbécile ! Saligaud de Parju !

Rouge à éclater, les poings serrés, Blaireau roule des yeux fous :

— Andouille ! triple andouille ! crapule ! Ça n'était déjà pas assez de m'avoir fait condamner injustement, voilà que tu me ruines, maintenant ! Voilà que tu me jettes sur la paille ! Ah ! si je ne me retenais pas !

En disant ces mots, Blaireau ne se contenant plus, se jette sur Parju, qu'il gratifie de nombreux coups de poings, tant sur la poitrine que sur la physionomie.

La foule s'amasse.

— Gendarmes ! s'écrie Dubenoît triomphant, empoignez-moi cet homme-là !... Ah ! mon garçon, vous ne nierez plus, maintenant, que vous avez frappé le garde champêtre, un fonctionnaire assermenté !

Les gens qui n'avaient pas assisté à la scène s'informent :

— Quoi ? qu'y a-t-il ?

— Blaireau vient de frapper le garde champêtre.

— Encore ? C'est décidément une manie ! fit cyniquement Jules Fléchard.

Les deux Anglais que nous avons déjà vus dans de précédents chapitres (ces Anglais, on les rencontre partout décidément !) faisaient à ce moment précis, leur entrée dans la fête.

Ils demandèrent à quelqu'un :

— Padhon, monsieur ? Povez vo dire à nô où il était le hinnocent !

— Le voici, messieurs, là, entre les deux gendarmes.

— Aoh ! Cela est positivement curieux ! La France est un drôle de nation, décidément.

XXXIV

Dans lequel les choses s'arrangent et point trop mal, en somme.

Blaireau avait compris que toute résistance était inutile.

Soudain dégrisé, solidement tenu par la rude poigne des gendarmes, il ne pensait plus qu'à sortir le plus avantageusement possible de cette mauvaise situation.

Apercevant dans la foule Me Guilloche, il l'implora :

— Mon avocat, je vous en prie, faites-moi relâcher !

— Je ne suis plus votre avocat, monsieur.

— Depuis quand, donc ?

— Depuis que vous vous êtes mis dans votre tort, monsieur.

— En voilà un avocat, par exemple !... qui lâche ses clients juste au moment où ils ont le plus grand besoin de lui ! vous êtes un drôle d'avocat !

— Et vous, un drôle de client !

— Mon avocat qui m'abandonne ! mon Dieu, qu'est-ce que je vais devenir ? Il ne me reste plus qu'à implorer la magistrature. Je vous en prie, monsieur le président, faites-moi relâcher.

— Votre demande est parfaitement raisonnable, mon cher ami. Gendarmes mettez monsieur Blaireau en liberté.

— Je m'y oppose formellement ! protesta M. le maire.

Vous avez tort, Monsieur le maire ? Cet homme ayant expié préalablement son délit d'aujourd'hui, il est de toute justice de lui tenir compte de cette situation. Blaireau ne doit rien à la société, il a payé d'avance.

— Bien parlé, monsieur le président ! s'écria Blaireau.

Impressionnés par les nobles et justes généreuses paroles du magistrat, les gendarmes se dessaisissent de Blaireau.

Fatigué, complètement démoralisé, le pauvre garçon s'écroule sur une chaise.

— Ruiné ! gémit-il. Ma situation politique compromise ?

— Ça, vous pouvez le dire ! triomphe Dubenoît.

— Qu'est-ce que je vais devenir, mon Dieu ? Ah ! je suis découragé !... Monsieur le baron, vous ne pourriez pas me trouver, des fois, une petite place à Paris?

— A Paris?

— Oui, à Paris, parce que, pour rester à Montpaillard, il ne faut pas y songer... Avec toutes les jalousies que je me suis faites dans le pays!

— Une place, j'y penserai, mon ami.

— Le plus tôt possible, s'il vous plaît, monsieur le baron.

— Au fait, mais j'y songe... Vous savez faire des tours de cartes?

— C'est tout ce qui me reste dans mon malheur.

— Vous portez admirablement la toilette!

— Tout le monde m'en fait des compliments.

— Eh bien! je vais vous faire entrer comme croupier dans un petit cercle que je connais à Cabourg.

— On peut mettre de l'argent de côté dans ce métier là ?

— Jusque dans ses manches !

— Alors, ça me va.

Maintenant, Blaireau est un peu consolé.

Il remplace, à sa boutonnière, son gros dahlia rouge, un peu fané, par un autre dahlia plus gros, plus rouge et plus frais.

Et il s'écrie gaiement :

— Je le savais bien, parbleu ! l'innocence est toujours récompensée !

XXXV

Dans lequel l'auteur, après avoir terminé le récit des aventures judiciaires de Blaireau, liquide rapidement le compte de plusieurs héros moins importants, mais tout de même pas entièrement dépourvus d'intérêt.

Quelques mois après les événements qui viennent de s'accomplir plus haut, Jules Fléchard conduisait à l'autel sa bien-aimée, radieuse en sa robe blanche, étincelante d'allégresse et d'amour.

Le mariage, quoi qu'en disent les détracteurs de cette belle institution, possède maints avantages, entre autres celui-ci qu'il suffit à transformer, du jour au lendemain, une vieille fille en jeune femme, à condition bien entendu que ladite vieille fille ne jouisse pas encore d'une caducité trop prononcée.

Mlle Arabella de Chaville, un tout petit peu ridicule en robe blanche, se mua vite en une Mme Jules Fléchard de soie gris perle tout à fait charmante.

Où pensez-vous que les nouveaux mariés coururent cacher leur lune de miel ?

A Venise, vous l'avez deviné, à Venise, où ils se grisèrent d'amour, de gondoles, de sensuelles chansons napolitaines et des *tutti frutti* du café Florian.

Ils n'eurent pas beaucoup d'enfants, mais

ils furent bien heureux, tout de même, ce qui est moins encombrant.

Envions ces deux êtres, qui purent réaliser leur idéal, et rentrons à Paris.

Nous aurons des chances d'y rencontrer notre vieille connaissance, le sympathique directeur de la prison de Montpaillard, M. Bluette.

Sur un rapport tout à fait chaleureux de ce galant inspecteur dont, j'espère, vous n'avez pas oublié le passage, M. Bluette obtint de l'avancement.

Il est actuellement à l'administration centrale avec d'excellents appointements et, ce qui ne gâte rien, peu de chose à faire.

Le baron de Hautpertuis, qui ne peut plus se passer de lui, vient souvent le chercher à son bureau et l'emmène dîner dans quelque cabaret en vogue, en compagnie de

Delphine de Serquigny, plus délicieuse que jamais.

Ces trois personnages paraissent s'entendre à merveille.

FIN

TABLE DES MATIÈRES

                                                              Pages
I. — Dans lequel on fera connaissance : 1° de M. Jules
  Fléchard, personnage appelé à jouer un rôle assez
  considérable dans cette histoire ; 2° du nommé Placide, fidèle serviteur mais protagoniste, dirait Bauër,
  de onzième plan, et 3°, si l'auteur en a la place, du
  très élégant baron de Hautpertuis.................   1
II. — Dans lequel le lecteur continuera à se créer de
  brillantes relations, notamment dans la famille de
  Chaville et chez quelques-uns de leurs invités..... 17
III. — Dans lequel le lecteur pourra constater qu'on
  n'a nullement exagéré en lui présentant, dès le début, Mlle Arabella de Chaville comme une nature
  plutôt romanesque 31
IV. — Où font une rapide entrée en scène des personnages divers destinés à jouer un grand rôle dans
  la suite de cette histoire........................ 39
V. — Dans lequel on va faire connaissance du sympathique mais infortuné Blaireau, pâle victime d'un
  bourgmestre en délire............................. 47

VI. — Dans lequel le lamentable record de Silvio Pellico ne risque point d'être battu............... 57
VII. — Dans lequel un drame demeuré des plus obscurs jusqu'à ce jour apparaîtra limpide comme eau de roche... 71
VIII. — Dans lequel grâce au mauvais vouloir d'un partisan de l'ordre, plusieurs personnes dévouées ne sont pas fichues de trouver la moindre pauvre victime à soulager............................... 83
IX. — Dans lequel Jules Fléchard trouve un cheveu sur l'azur de son firmament.................... 91
X. — Dans lequel Fléchard déchire publiquement le hideux voile du malentendu.................... 99
XI. — Dans lequel l'auteur va mettre sa clientèle en contact avec une jeune et élégante irrégulière non dénuée, au reste, de bons sentiments, ce qui arrive plus souvent qu'on ne croit, chez ces sortes de créatures....................................... 111
XII. — Dans lequel notre excellent camarade Blaireau continue à manifester une grandeur d'âme exceptionnelle et un caractère des plus accommodants... 119
XIII. — Dans lequel la prison de Montpaillard apparaîtra comme un établissement encore moins austère qu'on n'aurait pu s'y attendre................ 129
XIV. — Dans lequel Blaireau sent toute sa philosophie lui échapper................................ 135
XV. — Dans lequel Blaireau voit poindre l'aurore — juste retour des choses d'ici-bas — d'une situation glorieuse pour lui.............................. 153
XVI. — Dans lequel se renouvelle le conflit entre M⁰ André Guilloche, avocat au barreau de Montpaillard, et M. Dubenoit, maire de ladite commune. 163

XVII. — Dans lequel on verra que l'amour trop exclusif de l'ordre peut pousser un fonctionnaire public jusqu'à l'iniquité formelle...................... 167

XVIII. — Dans lequel, de glorieuse qu'elle était déjà la situation de Blaireau s'annonce, ce qui ne gâte rien, comme des plus rémunératrices............. 175

XIX. — Dans lequel un bout de conversation entre le baron de Hautpertuis et le sympathique M. Bluette nous fixera sur les antécédents de ce dernier...... 181

XX. — Dans lequel Blaireau revêt la malsaine livrée de la popularité................................. 187

XXI. — Dans lequel le baron de Hautpertuis fait tout ce qu'il faut pour justifier le mot de la fin......... 195

XXII. — Dans lequel il se passe plusieurs événements dont aucun ne revêt un caractère de gravité exceptionnelle................................. 207

XXIII. — Dans lequel on démontre administrativement qu'il est parfois aussi difficile d'entrer en prison que d'en sortir........................... 219

XXIV. — Dans lequel le lecteur, non seulement n'assistera pas à la sortie de Blaireau, mais encore verra ce malheureux enfermé dans un sombre cachot... 231

XXV. — Dans lequel le lecteur d'accord, en cela, avec M. Dubenoît, se persuadera que Montpaillard traverse une crise................................. 239

XXVI. — Dans lequel un joli avenir politique se lève à l'horizon de la destinée de Blaireau............. 245

XXVII. — Dans lequel, par une faveur spéciale, le lecteur sera introduit, avant l'ouverture des bureaux, au sein de la fête donnée en l'honneur et au profit de Blaireau................................. 253

XXVIII. — Dans lequel Blaireau fait preuve d'une

grandeur d'âme peu commune et d'un oubli des injures tout à fait chrétien.................... 263

XXIX. — Dans lequel les choses commencent à se gâter entre Blaireau et son ex-accusateur le garde-champêtre Parju (Ovide)...................... 273

XXX. — Dans lequel, ou plutôt, à la fin duquel la pure mémoire d'Agrippa d'Aubigné sera légèrement ternie, mais fort peu, en somme.................. 277

XXXI. — Dans lequel M. le directeur de la prison de Montpaillard se montre toujours fidèle à son système d'employer les détenus à la profession qu'ils remplissaient avant leur arrestation.................. 285

XXXII. — Dans lequel Blaireau échafaude un beau rêve dont l'écroulement suit de près l'éclosion, si nous osons nous exprimer ainsi.................. 293

XXXIII. — Dans lequel l'effondrement de Blaireau s'annonce comme total......................... 299

XXXIV. — Dans lequel les choses s'arrangent et point trop mal, en somme....................... 303

XXXV. — Dans lequel l'auteur, après avoir terminé le récit des aventures judiciaires de Blaireau, liquide rapidement le compte de plusieurs héros moins importants, mais tout de même pas entièrement dépourvus d'intérêt................................ 309

CHATEAUROUX
Imp. et Stér. A. Majesté et L. Bouchardeau. A. Mellottée, succr

ÉDITIONS DE LA REVUE BLANCHE
23, boulevard des Italiens, 23

Collection in-18 jésus à 3 fr. 50

Paul Adam	*Lettres de Malaisie*, roman.
Alphonse Allais	*Pour cause de fin de bail.*
—	*L'Affaire Blaireau*, roman.
Jean Ajalbert	*Sous le Sabre.*
—	*Les deux Justices.*
Jane Austen	*Catherine Morland*, traduit par Félix Fénéon.
Tristan Bernard	*Mémoires d'un jeune homme rangé*, roman.
René Boylesve	*Mlle Cloque*, roman.
Une Circassienne	*Dans l'Ombre du harem*, roman.
Albert Delacour	*Les Lettres de noblesse de l'Anarchie.*
Urbain Gohier	*L'Armée contre la Nation.*
Gustave Kahn	*Le Cirque Solaire*, roman.
Marcel Lami	*La Débandade.*
Maurice Maindron	*Saint-Cendre*, roman.
André Maurel	*Essai sur Chateaubriand.*
Dick May	*L'Alouette*, roman.
Eugène Morel	*Terre Promise*, roman.
François de Nion	*Les Façades*, roman d'aventures mondaines.
—	*La Peur de la mort*, roman.
—	*L'Amoureuse de Mozart.*
Franc-Nohain	*Flûtes.*
—	*Les Chansons des Trains et des Gares.*
Peter Nansen	*Marie.*
J.-H. Rosny	*La Fauve*, roman.
Robert Scheffer	*Grève d'amour*, roman.
Stendhal	*Napoléon*, fragments inédits, notes et introduction par Jean de Mitty.

Envoi franco par poste contre mandat.

Imp. C. Renaudie, 56, rue de Seine, Paris

www.ingramcontent.com/pod-product-compliance
Lightning Source LLC
Chambersburg PA
CBHW060408170426
43199CB00013B/2056